David Holden

Umkämpfte Gedankenwelt

cmf

David Holden

Umkämpfte Gedankenwelt

Die Kraft Gottes kann Ihr Denken verändern und Ihr Leben erneuern

cmf

Verlag C. M. Fliß
Lütt Kollau 17, 22453 Hamburg

1. Auflage 2003
Originaltitel: Battle for the Mind
Übersetzung: Dr. Friedemann Lux
Umschlag: Jens Meier
Satz: Satz & Medien Wieser, Stolberg
Druck: Printed in Germany

ISBN 3-931188-61-2

Soweit nicht anders vermerkt, wurden die Bibelzitate der Luther-Übersetzung von 1984 entnommen.

Wir informieren Sie gern über unser Gesamtprogramm.
Postkarte genügt:
Verlag C. M. Fliß, Postfach 61 04 70, 22424 Hamburg
Tel. 040 / 58 64 92, Fax 040 / 58 37 04
Bestellservice@cmf-verlag.de
www.cmf-verlag.de

Inhalt

»Erneuert euer Denken« (Römer 12,2) – Was Sie erwartet

Wie oft hört man ihn nicht, den Satz: »Ach ja, das haben wir versucht, aber es hat nichts gebracht«? Ob es um einen Erziehungsratgeber für junge Eltern geht oder um ein Seminar für kirchliche Mitarbeiter, immer wieder erwarten die Leute Patentrezepte – schnell mal ausprobieren, Problem gelöst. Wird das Problem dann nicht sofort gelöst, ist die Enttäuschung groß. Oder sogar die Schuldgefühle: »Was bist du doch für ein Versager…«

Ich glaube nicht, daß wir viel erwarten können, solange wir nicht das, was wir hören und lesen, mit echtem, persönlichem Glauben aufschließen. Unsere Motivation, gewisse Wahrheiten in die Praxis umzusetzen, darf nie darin bestehen, eben mal schnell eine Gebrauchsanweisung zu befolgen, und wenn Sie dieses Buch so angehen, könnte es sein, daß Sie anschließend ebenfalls sagen: »Ach, das bringt ja alles nichts.« Dieses Buch ist voll von sehr praktischen Hilfen, aber es ist keine Rezeptesammlung mit Geld-Zurück-Garantie.

Das Schlüsselwort heißt »Gnade«. Wir sind aus Gnade erlöst und nicht, weil wir es verdient hätten, und wir müssen an jedem Punkt unseres Christenlebens auf Gottes Gnade bauen – auch dort, wo es um unser Denken geht. Gesetzt den Fall, Sie lesen dieses Buch und merken, wie Sie große Fortschritte im Umdenken machen. Aber dann fallen Sie plötzlich auf die Nase. Was tun? Sich sagen: »Ich schaffe das ja nie, ich geb's am besten ganz auf«? Nein. Erinnern Sie sich daran, daß Sie keine Rezepte brauchen, sondern Gottes Gnade. Gottes Gnade bringt uns nie dahin, daß wir sagen: »Ich habe das und das versucht, und es funktioniert nicht.« Sie sagt vielmehr: »Nimm meine Hand, ich helfe dir.« Dieses Buch kann Sie ermutigen, aber lassen Sie es nicht zu Ihrem Herrgott werden. Öffnen Sie Ihre Hände für Gottes Gnade und werden Sie sein Mitarbeiter bei der Erneuerung Ihres Denkens.

Seit dem ersten Erscheinen dieses Buches ist über ein Jahrzehnt vergangen, und ich staune nur so, wie viele Menschen zu mir gekommen sind und mir gedankt haben für den ganz praktischen Profit, den sie im persönlichen Gespräch mit frisch bekehrten Christen oder im Hausbibelkreis aus ihm gezogen haben. Für die neue Ausgabe wurde der Text gründlich überarbeitet, um den Veränderungen in der Gesellschaft, in der wir leben, Rechnung zu tragen. Ich merke, wie ich selber in meinem eigenen Alltag als Christ immer noch den Inhalt dieses Buches durcharbeite, aber den größten Gewinn von ihm dürfte der Christ haben, der noch jung in seinem Glauben ist. Es ist mein Gebet, daß es Menschen, deren Seele durch ein falsches Denken Schaden genommen hat, helfen möge, neu zu werden durch die Erneuerung ihres Denkens.

Einleitung

Der Versuchung erlegen? Kein Wachstum, keine Frucht? Die meisten Ihrer Probleme liegen in Ihrem Denken.

Sie denken noch in den alten Bahnen. Sie sind durch den Geist Gottes wiedergeboren worden, aber in Ihrem Kopf ist nicht viel passiert. Das Potential, das Sie haben, die Lügen des Feindes zu überwinden und ein sieghaftes Christenleben zu führen, bleibt eben das: ein bloßes Potential.

Werden Sie nach wie vor von Ihrer Vergangenheit beherrscht? Haben Sie Angst? Stellen Sie fest, daß das Selbstmitleid oder jenes »Mich will ja keiner« wie eine Klette an Ihnen haftet? Werden Sie immer noch von sexuellen Bildern tyrannisiert? Kein schöner Zustand. Und das Elend kann jahrelang weitergehen!

Und dies ist nicht etwa ein Spezialproblem des *jungen* Menschen oder Christen; es ist erstaunlich weit verbreitet. So mancher Christ lebt von einer Niederlage zur nächsten. Wie traurig – vor allem, wenn das gar nicht sein müßte.

Wir sind von Einflüssen umgeben, die dann, wenn wir sie lassen, unser ganzes Denken negativ prägen. Mal hinten herum, mal mehr frontal werden wir über die allmächtigen Medien mit Botschaften bombardiert, die uns von Gott wegziehen.

Unser Hintergrund und unsere Erziehung, unsere Schulfreunde und Lieblingslehrer, sie alle haben uns ihren Stempel aufgedrückt. Die große Frage ist: Was prägt jetzt, seit Sie ein Christ sind, Ihr Denken am meisten?

Dieses Buch möchte Ihr Denken herausholen aus seinen ständigen Niederlagen und Ablenkungen und Ihnen Mut machen, das volle Potential, das Ihnen in Christus offensteht, zu ergreifen und sich anzueignen.

Dies ist die große Gelegenheit Ihres Lebens: Die Macht Gottes, die in Ihnen am Werk ist, kann Ihr ganzes Denken verändern!

Und noch toller ist dies: daß Sie dann, wenn Sie sich auf diesen Weg der Erneuerung Ihres Denkens begeben haben, immer mehr fähig werden, selber anderen Menschen zu helfen.

Wie wäre es damit?

Teil I

Was?
Ich soll anders denken?

1. Warum es wichtig ist, daß Christen anders denken

Das Wort Gottes läßt keinen Zweifel: Es ist ungeheuer wichtig, daß wir als Christen ein anderes Denken bekommen. Die Bibel sagt, daß wir ohne Umdenken niemals Sieg in unserem Christenleben haben können. Nehmen wir es zur Kenntnis: Unser Sein wird ganz entscheidend von unserem Denken bestimmt.

Überspitzt formuliert, könnte man sagen: Wir sind das, was wir denken. Darum ist es so wichtig, daß wir unser Denken erneuern. Die Art und Weise, wie ich mich in meinem Alltag verhalte, wird von dem geprägt, was mir an Gedanken durch den Kopf geistert.

Die Art, wie ich denke, beeinflußt meine Einstellungen, meine Hoffnungen und meine Ängste. Sie prägt die Art, wie ich auf meine Mitmenschen reagiere, mit ihnen rede und mit meinem Beruf und seinem Streß umgehe. Sie prägt die Art, wie ich meine Kinder erziehe, wie ich mich zu meinen eigenen Eltern verhalte oder wie ich meine Rolle als Glied jener wachsenden Gruppe spiele, die man »Singles« nennt.

Sehr wahrscheinlich können Sie Beispiele aus Ihrem eigenen Leben erzählen, wo Ihr Denken Ihnen Probleme machte, als es in Ihren Worten oder Handlungen gar zu vorwitzig zum Vorschein kam. Unser Denken beeinflußt unser Handeln. Immer. Früher oder später ist es soweit. Ob dieser Einfluß gut oder schlecht ist – tja, das hängt von der Qualität des Denkens ab.

Hier ein typisches Beispiel für unverheiratete junge Männer. Eines schönen Tages lernen Sie ein tolles Mädchen kennen. Ein Blick, und Sie denken: *Mensch! Ist das eine klasse Frau!* Ein einziger Gedanke, und ehe Sie es sich versehen, marschieren Sie mit dem Objekt dieses Gedankens zum Traualtar. Gedanken können gefährlich sein ...

Als ich das erste Mal meine Frau sah, war mein erster Gedanke: *Super!* Ich versuchte, den Gedanken zu unterdrücken, aber das ging nicht. Es war ein schöner, guter, angenehmer Gedanke, und er führte zur Handlung.

Oder ein ganz anderes Beispiel, aus meinen Schultagen. Ich bin auf dem Nachhauseweg von der Schule und stehe im Kaufhaus Woolworth. Vor mir ist ein ganzes Regal mit Süßigkeiten, es schaut gerade niemand in meine Richtung und mein Regenmantel hat herrlich große Taschen. Und schon kommt er, der Gedanke: *Komm, nimm dir was, das merkt doch keiner!* Es ist schwer, ihm zu widerstehen. So hat es noch mit jedem chronischen Ladendieb angefangen: ein kleiner Gedanke, der zur Tat wurde.

Kennen Sie ihn auch, den Satz: »Ich hab mir nichts dabei gedacht«? Nicht nur Kinder lieben ihn. Aber wenn wir uns einmal vor Augen führen, wie unsere Handlungen zustande kommen, dann sehen wir, daß er nicht stimmt, der Satz.

Selbst den banalsten, alltäglichsten Handlungen geht immer ein Gedanke voraus, und sei er noch so kurz und spontan. Das Gehirn muß dem Fuß sagen: »Beweg dich!« Erst kommt eine Versuchung, dann ein Gedanke und dann erst die Handlung.

Die Erneuerung unseres Denkens, sie ist lebenswichtig. Als Christen müssen wir es lernen, unser Verhalten unter Kontrolle zu haben. Das aber heißt, daß wir unser Denken unter Kontrolle haben müssen. Wenn wir die Sünde überwinden wollen, dann muß unser Gehirn wissen, wie es mit der täglichen Flut von Gedanken umzugehen hat, die auf uns einstürzt.

Der Veränderungsprozeß

Schauen wir uns einen Schlüsselbibelvers zum Thema »Denken« an: »Gleicht euch nicht dieser Welt an, sondern wandelt euch und erneuert euer Denken« (Römer 12,2 Einheitsübers.).

Das Wort, das Paulus hier im griechischen Urtext für »wandeln« (Luther: »ändern«) benutzt, ist das gleiche Wort, das die Wurzel unseres Fremdwortes »Metarmophose« bildet. Paulus benutzt es auch im 2. Korinther 3,18, wo er davon spricht, wie wir mit immer größerer Herrlichkeit in das Bild Christi verwandelt werden.

Unser christlicher Glaube soll nicht nur das fromme I-Tüpfelchen auf unserem Leben sein; er soll unser ganzes Denken revolutionieren.

Man könnte den Satz aus Römer 12,2 auch so formulieren: »Laßt euch verwandeln, ummodeln, total verändern. Laßt Gott etwas völlig Neues mit euch machen.«

Nicht über Nacht

Die Bibel macht gewaltige Aussagen über das, was geschieht, wenn ein Mensch Christ wird. Die meisten von uns brauchen einige Zeit, um zu begreifen, was Gott bei unserer Wiedergeburt alles getan hat; es geschieht bei ihr so vieles auf einmal, daß wir es gar nicht fassen können. Hier nur ein kleiner Ausschnitt:

- »Er hat uns errettet von der Macht der Finsternis und hat uns versetzt in das Reich seines lieben Sohnes« (Kolosser 1,13).
- »Das Alte ist vergangen, siehe, Neues ist geworden« (2. Korinther 5,17).
- »Sie werden ohne Verdienst gerecht aus seiner Gnade durch die Erlösung, die durch Christus Jesus geschehen ist« (Römer 3,24).

- »Wie viele ihn aber aufnahmen, denen gab er Macht, Gottes Kinder zu werden, denen, die an seinen Namen glauben« (Johannes 1,12).
- »Ist jemand in Christus, so ist er eine neue Kreatur« (2. Korinther 5,17).

Die Bibel sagt, daß wir dann, wenn wir ein neues Herz bekommen, auch einen neuen Geist, ein neues Wesen bekommen. Gott gibt uns ein neues Lied auf unsere Lippen und in unser Herz. Aber nirgends in der Bibel heißt es, daß er uns ein neues Gehirn gibt.

Wenn Römer 12,2 von der »Erneuerung« unseres Denkens (Luther: unseres »Sinnes«) spricht, dann bedeutet dies, daß unser alter Gehirnkasten nach wie vor da ist und daß wir – ja: wir selber – daran arbeiten müssen, zu einem neuen Denken zu kommen. Vielleicht sind jetzt einige von uns frustriert, weil sie darauf spekuliert hatten, von Gott ein neues Gehirn mit dem doppelten IQ zu bekommen. Das war leider nichts ...

Hier ist eine wichtige Lektion für uns: Das neue Denken des Christen fällt nicht vom Himmel. Gott hat uns bei unserer Bekehrung nicht einen neuen Kopf aufgeschraubt. Der frischgebackene Christ lernt nur zu bald, daß Heiligung und ein erneuertes Denken nicht über Nacht kommen.

Wir haben nach wie vor unser altes Gehirn – das ist sozusagen die schlechte Nachricht. Aber die gute ist, daß ein *Veränderungsprozeß* begonnen hat. Unser Denken wird neu, anders, verwandelt. Bei den meisten von uns könnte dieser Prozeß ruhig ein bißchen schneller ablaufen, aber es ist ein Prozeß, keine Verwandlung auf einen Schlag.

Weg von der Welt

Eine Verwandlung oder Transformation hat zwei Seiten: das, woraus wir verwandelt werden, und das, in das wir verwandelt werden.

Die Erneuerung unseres Denkens führt uns weg von den Maßstäben, dem Schema dieser Welt (Römer 12,2). Das ist radikal! Leider werden viele frischgebackene Christen in die gesetzliche Zange genommen. Dies geschieht mit den besten Absichten – um ihnen zu helfen, ein christliches Wesen zu entwickeln. Doch das Ergebnis ist meist mager, und es ist deswegen so mager, weil all diese Regeln und Gesetze nur die äußere Fassade und nicht das Denken betreffen.

Der Gesetzlichkeit geht es nicht um mein Denken, sondern um meine Kleidung, meine Gesten, die »richtigen« Filme, Fernsehprogramme und Musik und wie viele Gottesdienste ich besuche bzw. Kapitel in der Bibel ich gelesen habe usw.

Natürlich hat die Art, wie ich mich kleide, auch etwas mit meinem Denken und Sosein zu tun. Es gibt Teenager, die Jeans mit Löchern tragen und sich die Haare grün färben, um so ihrem Protest gegen die Erwachsenenwelt Ausdruck zu geben (manchmal wird aus solchem Protest dann eine Mode). Was passiert nun, wenn ein solcher Teenager sich zu Christus bekehrt? Seine Aufgabe lautet nicht so sehr: »Lerne, dich wie ein Christ zu kleiden«, sondern vielmehr: »Lerne, wie ein Christ zu denken.« Und dieses neue Denken wird nach und nach sehr wahrscheinlich Folgen für die Kleidung haben. Das veränderte Denken führt zu einem veränderten Verhalten.

Also: Wir drücken dem neuen Christen keine Kleidungsregeln auf die Nase, aber zu den Früchten, zu denen die Erneuerung seines Denkens führt, wird u. a. auch eine neue Art gehören, sich zu kleiden. Die heutige Mode ist sehr sexbetont, wie auch die Werbung zeigt. Wenn jemand Christ wird und ein neues Denken bekommt, wird er nach und nach auch über Sex anders denken – und sich überlegen, ob er nicht das eine oder andere an seiner Kleidung ändern sollte. (Eltern von Teenagern tun gut daran, mit ihren Sprößlingen offen über diese Dinge zu sprechen.)

Noch einmal

Was wir gerade besprochen haben, ist für die Erneuerung Ihres Denkens so wichtig, daß Sie innehalten und noch einmal darüber nachdenken sollten. Haben Sie ihn begriffen, den Unterschied zwischen dem äußeren »Gesetz« und dem inneren Wirken der Gnade Gottes auf Ihr Denken?

Fähig werden, Gottes Willen zu tun

Der Satz in Römer 12,2 geht wie folgt weiter: »damit ihr prüfen und erkennen könnt, was der Wille Gottes ist: was ihm gefällt, was gut und vollkommen ist« (Einheitsübers.).

Gottes Führung – das ist ein weiteres Reizthema. Manche Christen haben recht verschwommene Vorstellungen davon, wie Gott führt, und es soll immer noch welche geben, die an einer beliebigen Stelle ihren Finger in die Bibel stecken, um den »richtigen« Vers für ihre Situation zu finden.

Warum tun wir uns oft so schwer mit Gottes Führung? Weil unser Denken nicht richtig erneuert ist. Es ist so vollgestopft mit fremden Gedanken und Worten, mit dem, was »die Leute« denken oder sagen oder tun, daß wir nicht erkennen, in was für eine Richtung Gott uns führen und was er uns sagen will.

In dem Maße, in welchem unser Denken sich von Gott bestimmen läßt, wird es stabiler und zuversichtlicher werden. Wir sehen unser Leben mit klareren Augen und können leichter Entscheidungen treffen. Wir werden nach wie vor im Glauben etwas wagen müssen, aber wir werden mehr Gewißheit haben, daß diese Glaubensschritte wirklich von Gott kommen. Gottes Führung ist eigentlich ganz einfach. Jesus hat gesagt: »Meine Schafe hören meine Stimme« (Johannes 10,27).

Wie gut beherrschen Sie Ihre Gedanken?

Viele Christen kämpfen pausenlos mit ihren »Lieblingssünden« – ihren mehr oder weniger schlechten Angewohnheiten. Sie versuchen verbissen, ihr Ich zu verändern, ohne sich dem Grundproblem zu stellen: der Art, wie sie denken. Sie wollen endlich Fortschritte machen im Kampf mit Ihren Sünden? Ändern Sie Ihr Denken!

Gottes Endziel für jeden von uns ist, daß er Jesus ähnlicher wird. Das ist kein »goldener Spruch«, den man sich eingerahmt an die Wand hängt. Wir müssen anfangen, so zu denken wie Jesus. Wenn wir anfangen, Probleme mit Jesu Augen zu sehen, dann wissen wir, daß wir dabei sind, ihm ähnlicher zu werden. Wenn Sie wie Jesus werden wollen, müssen Sie als erstes anfangen, wie er zu denken; dann werden Ihr Wesen und Ihr Verhalten ihn immer mehr widerspiegeln.

Damit dies möglich wird, müssen wir unser Denken in den Griff bekommen. Sind Sie Herr über Ihre Gedanken?

Hier einige Beispiele für das unbeherrschte Denken:

Streß und Ängste

Die Ärzte schätzen, daß bis zu 70 Prozent der Patienten in ihren Wartezimmern an Beschwerden leiden, die seelische Ursachen haben. Unser Gehirn ist ein wahrhaft mächtiges Organ.

Da besuchen Sie zum Beispiel die Müllers. Sie wissen, daß sie gerade die Grippe gehabt haben, und schon kommt sie, die Angst: *Was, wenn ich mich anstecke?* Und richtig: Als Sie vor ihrer Haustür stehen und die Klingel drücken, fühlen Sie sich schon wie zerschlagen und als ob Sie 39 Grad Fieber haben. Mindestens.

Streßgedanken können den Blutdruck in die Höhe treiben, Ängste Magengeschwüre verursachen. Auch bei Christen. Immer häufiger wird als Therapie zur Behandlung von Ängsten und Streß Hypnose empfohlen – eine nicht gerade gesunde Methode, unsere Gedanken unter Kontrolle zu bekommen.

Natürlich bekommt nicht jeder, der vor etwas Angst hat, gleich Magengeschwüre, aber der Zusammenhang zwischen Denken und Krankheit, er ist deutlich. Und ganz abgesehen von den körperlichen Folgen – wer ist schon gerne ein Gefangener seiner Angst?

Sexuelle Versuchung

Der berühmte Ehebruch Davids mit Batseba (2. Samuel 11) begann nicht mit einer Handlung, sondern mit einem Gedanken, genauer gesagt, einem unbeherrschten Gedanken. Anstatt als Feldherr seine Truppen im Krieg zu führen, schlenderte David durch seinen Palast und schlug die Zeit tot. Manchmal ist Müßiggang wirklich aller Laster Anfang; ein Blick auf eine schöne Frau, und Davids Gedanken liefen Amok.

Sexuelle Lust ist ein massives Problem für viele Menschen (nicht nur Männer). Und wie verschafft sich das Porno- und Sextrommelfeuer unserer Welt Einlaß in unser Leben? Über unser Denken. Der Körperteil, der am empfänglichsten für dieses Trommelfeuer ist, ist – Ihr Kopf. Und noch nie war es so einfach, sich sexuellen Versuchungen auszusetzen, wie heute. Im Fernseh- und Internetzeitalter sind sie nur noch einen Knopfdruck oder Mausklick entfernt. Und das ist kein Spiel, sondern etwas sehr Ernstes, das täglich Menschenleben zerstört.

Zynismus

Ein nicht minder großes Problem ist in manchen Ländern der Zynismus. Nicht nur bei den Menschen allgemein, sondern auch bei uns Christen. Ob in der Schule oder im Fernsehen, überall lauert er, der Zynismus-Virus. *Kennen wir ja alles schon, mir kann doch keiner …* Dieser Zynismus ist ein enormes Hindernis für ein christliches Denken. Er färbt die ganze Art, wie wir Situationen analysieren und auf unsere Mitmenschen reagieren.

Zynismus kann unser Reden, Handeln, ja unsere ganze Persönlichkeit vergiften. Und er beginnt im Denken.

Negativdenken

Vielleicht ein Vetter des Zynismus, ist der Negativismus etwas, was viele Christen aus ihrer Kindheit nur zu gut kennen. Wenn Eltern ihren Kindern immer nur Negatives zu sagen haben, prägt dies das Denken dieser Kinder: *Ich tauge ja zu nichts ...* Waren Sie in der Schule immer einer der schwächeren Schüler? Hat Ihnen auch danach, im Erwachsenenleben, nie jemand Mut gemacht, etwas aus sich zu machen? Kein Wunder, wenn Sie zum Negativdenker geworden sind – vor allem, wo es um Sie selber geht.

Selbstmitleid

Ein angekratztes Selbstbild kann zu wahren Selbstmitleidorgien führen. Tatsache ist, daß Gott nirgends in der Bibel etwas sagt, das zum Selbstmitleid oder zu Minderwertigkeitsgefühlen herausfordert, ja er tut sogar das genaue Gegenteil. Woher kommen dann Minderwertigkeit und Selbstmitleid? Aus einem nicht erneuerten Denken, das Gottes Wort nicht gehorcht. Ich staune immer wieder, wie viele Christen ein völlig falsches Bild von sich selber haben und einfach nicht damit zurechtzukommen scheinen, wie Gott sie sieht. Aber wer hat denn recht – Gott oder wir? Es ist Zeit, unser Denken zu ändern!

Wut

Manche Menschen haben enorme Probleme mit ihrer Wut. Auch Wut beginnt im Denken. Vielen Zeitgenossen gelingt es ganz gut, ihre Wut nicht »nach draußen zu lassen«; sie schlagen nicht zu und flippen auch verbal nicht aus. Aber der wütende *Gedanke* ist da – groß und häßlich.

Und auch dort, wo es zu bösen Worten oder Tätlichkeiten kommt, ist der Anfang derselbe: das nicht beherrschte Denken.

Traumen

Manche Menschen haben Ängste, die auf traumatischen Begebnissen aus ihrer Vergangenheit beruhen. Das traumatische Ereignis ist längst vorbei, aber es hat sich sozusagen im Denken eingenistet und kommt bei jeder Gelegenheit wieder hoch.

Ein typisches Beispiel: Ein vier oder fünf Jahre altes Kind geht eine Straße entlang, als plötzlich ein riesengroßer Hund laut bellend auf es zustürzt. Der Hund führt gar nichts Böses im Schilde, will vielleicht nur spielen, aber das Kind ist wie gelähmt vor Schreck. Eine einzige Szene dieser Art, und der Grundstein ist gelegt für eine lebenslange irrationale Angst vor Hunden, die das Verhalten und die ganze Persönlichkeit dieses Kindes (und später des Erwachsenen) prägt.

Die gute Nachricht ist, daß die Wirkung solcher Traumen auf unser Denken und Verhalten gelöscht werden kann, wenn unser Denken in Christus erneuert wird. So viele Menschen haben irrationale Ängste. Angst ist das häufigste Denkproblem, mit dem ich in meiner Arbeit konfrontiert werde. Ich habe den Eindruck, daß sie ein Lieblingseinfalltor des Satans in unser Denken ist, und wenn wir es einmal gelernt haben, ihr richtig zu begegnen, können wir ihm wirkungsvoll Widerstand leisten. Im zweiten Teil dieses Buches werde ich genauer darstellen, wie wir durch die Erneuerung unseres Denkens den Kampf mit der Angst gewinnen können; im Augenblick mag der Hinweis genügen, daß Sie nicht allein mit Ihren Ängsten sind.

Wenn es dem Teufel gelingt, Ihnen Angst einzuimpfen, sind Sie ihm auf den Leim gegangen. Ich wache oft mitten in der Nacht auf – weil ich schlecht geträumt oder zu viel gearbeitet habe oder mir vielleicht eine Mahlzeit im Magen liegt; es gibt sicher ganz natürliche Erklärungen. Aber ich staune nur so, wie oft mein Kopf, wenn ich so aufwache, voll von Angstgedanken ist, ja wie die Angst geradezu greifbar im Zimmer zu sein scheint.

Wir müssen lernen, mit solchen Angstgefühlen fertig zu werden. Gerade als Christen müssen wir das Angstproblem in den Griff bekommen, sonst werden wir ein leichtes Ziel für die Gedankenangriffe des Feindes. Das Angstproblem ist am Kreuz gelöst worden. Als Jesus von den Toten auferstand, hat er unseren letzten Feind, den Tod, besiegt, ja er hat auch die Angst vor dem Tod besiegt.

In Hebräer 2,15 heißt es: ».. . und die erlöste, die durch Furcht vor dem Tod im ganzen Leben Knechte sein mußten.«

Angst kann mein Denken beherrschen – aber in meinem Denken kann ich die Angst auch besiegen. Warum fangen Sie nicht gleich jetzt damit an, Ihr Denken mit diesem Satz zu füllen: »Furcht ist nicht in der Liebe, sondern die vollkommene Liebe treibt die Furcht aus« (1. Johannes 4,18)?

Erneuerung des Denkens – daran kommt kein Christ vorbei, egal, wie stark oder wie wenig Sie sich in den Beispielen in diesem Kapitel wiedergefunden haben. Die Art, wie Sie denken, beeinflußt Ihr ganzes Leben und Ihre Fähigkeit, auf den Wegen zu gehen, die Gott zu seiner Ehre für Sie bereitet hat.

2. Ein Blick in Ihren Kopf

In diesem Kapitel wollen wir den Zustand Ihres Denkens vor und nach Ihrer Bekehrung untersuchen und uns anschließend genauer anschauen, was da passiert ist, als Sie Christ wurden.

Bevor Sie Christ wurden

Das 1. Kapitel des Römerbriefs handelt von Männern und Frauen, die fern von Christus sind. Alle Menschen ahnen, daß es »irgendwo da oben« einen Gott geben muß, aber sie haben sich von diesem Gott abgewandt und versuchen, ihr Leben selber zu leben, mit ihrem eigenen Wissen und ihrer eigenen Macht.

In Römer 1,28 lesen wir: »Und da sie sich weigerten, Gott anzuerkennen, lieferte Gott sie einem verworfenen Denken aus, so daß sie tun, was sich nicht gehört« (Einheitsübers.). Der Ausdruck »lieferte aus« (Luther: »hat sie dahingegeben«) findet sich auch in Vers 24 und 26.

Gott fällte sein Urteil über das verdorbene Denken der Menschen. Er sagte sozusagen: »Gut, das reicht. Ihr sollt euren Willen haben und anschließend seine Früchte ernten.« Bevor wir zu Christus fanden, war unser Denken also durch und durch verdorben, auf das fixiert, was falsch, unrein und selbstzerstörerisch ist. Unser Herz war randvoll von Sünde.

Dies ist der Normalzustand des Menschen, der Christus nicht hat. Man braucht Kindern nicht beizubringen, sich zu streiten; sie haben ein Naturtalent dafür. Sie scheinen wie geschaffen dazu, böse zu sein.

In Epheser 2,3 schreibt Paulus, daß wir vor unserer Bekehrung ganz unserer sündigen Natur zu Willen waren. Es ist wichtig, das zu begreifen. Die beste Kinderstube kann unsere natürliche Boshaftigkeit nicht auslöschen. Ob unser Vater nun ein Alkoholiker war oder ein geachteter Christ und eine Säule der Gemeinde – wir sind Menschen, und als solche folgen wir dem, was unser sündiges Wesen uns eingibt.

Bevor wir zu Christus fanden, waren wir in unserem Denken verfinstert und von dem Leben, das Gott gibt, getrennt; unsere Herzen waren verhärtet (Epheser 4,17-18).

Ich habe im Laufe der Jahre viele Gespräche mit Menschen gehabt, die äußerlich von der nachdenklichen Sorte zu sein scheinen. Sie sind Anhänger des New Age oder der Friedensbewegung oder wollen etwas für die Umwelt tun usw. Das Gespräch kann ganz gut laufen – bis wir auf Jesus kommen. Dann werden diese so friedliebenden, »religiös aufgeschlossenen« Typen auf einmal sehr heftig. Friede ade. Eben haben sie noch ihrer Sehnsucht nach einer besseren, spirituelleren Zukunft Ausdruck gegeben – und jetzt zeigt sich, daß ihr Herz völlig verhärtet ist gegen den Anspruch Jesu, daß wirklicher Friede nur durch ihn möglich ist. Diese innere Verhärtung ist die ganze Zeit schon dagewesen, unser Gespräch hat sie nur offengelegt.

In Kolosser 1,21 heißt es, daß wir früher von Gott entfremdet, ja seine Feinde waren. Wir mögen solche Sätze nicht, sie sind uns anstößig. Aber die Bibel sagt klipp und klar, daß wir vor unserer Bekehrung zu Christus in unserem Denken verfinstert waren. In gewisser Weise war es unser Denken, unsere ganze innere Einstellung, die uns von Gott trennte. 2. Korinther 4,4 ist eine weitere Bibelstelle, die dies zum Ausdruck bringt. Bevor Sie Christ wurden, hatte der Teufel gleichsam eine Decke über Ihre inneren Augen gelegt, so daß Sie die Wahrheit über Gott nicht erkennen konnten. Er blendete Sie, so daß Sie die Dinge nicht so sehen konnten, wie sie wirklich waren.

Aber...

Römer 1 erinnert uns daran, daß schon der Blick auf die Schöpfung uns klar zeigt, daß es einen Gott gibt. Die ungeheure Ordnung und Komplexität der Natur ist einer der stärksten »Gottesbeweise«. Die Universitäten sind voll von Menschen, die Philosophie und ähnliche Fächer studieren, weil tief drinnen in uns allen dieses halb zugegebene, halb verdrängte Sehnen ist, daß es einen Gott geben muß. Gehen Sie in eine beliebige Universität, und Sie finden Menschen, die völlig ernst über den Ursprung des Universums diskutieren. Die meisten von ihnen – oder jedenfalls die ehrlicheren – geben zu, daß es schon einen sehr großen Glauben braucht, um anzunehmen, daß die Welt durch Zufall entstanden ist.

Titus 1,15 spricht von dem »befleckten« bzw. »unreinen« Denken und Gewissen der Ungläubigen (vgl. Luther und Einheitsübers.). Die Bibel sagt eindeutig, daß wir ein Gewissen haben. Nicht nur die Schöpfung, sondern auch mein Gewissen ist ein Spiegel Gottes. Bereits bevor ich Christ wurde, wußte ich sehr gut, was gut und was böse ist. Sie sicher auch.

»Tu, was dir Spaß macht«, hieß es in den 1960er und 70er Jahren – »freie Liebe« inklusive. Eigentlich war dies der Kampf des schlechten Gewissens gegen sich selber, ein allzu lauter Protestschrei, der die Wahrheit übertönen sollte. Zwanzig Jahre später erlebten wir die Folgen dieser Ideologie, ihre verheerenden Auswirkungen auf eine neue Generation, die nicht mehr eine Spur biblischer Moral in ihrem Denken hatte.

Bevor Sie zu Christus fanden, hatten Sie ein Gewissen. Es war verbogen und verzerrt, beschmutzt, schwach und leicht hereinzulegen, aber es war da. Viele Menschen lassen sich willig mitziehen und ihr Gewissen zum Schweigen bringen.

Heute stehen junge Leute unter einem wachsenden Druck, sich in einem immer zarteren Alter Gedanken über ihre Sexualität zu machen. Heute fragen sich manchmal schon Zwölfjährige laut, ob sie denn nun hetero oder schwul sind, und ein bereits vorgeschädigtes Gewissen ist natürlich in großer Gefahr, sich die falsche Antwort auf diese Frage aufzwingen zu lassen. Die bloße Formulierung der Frage hat bereits eine Schlagseite, und die Frage ist erlaubt, wie viele Männer einen schwulen Lebensstil nicht aus freien Stücken gewählt haben, sondern um ihrer Clique zu Gefallen zu sein. Kann ein Vierzehnjähriger wirklich mit solchen Dingen umgehen?

Ich befürchte, daß heute viele Menschen sich in etwas einlassen, was sie eigentlich nie wollten. Sie hatten überhaupt nicht vor, sich mit diesen Dingen abzugeben, aber dann öffneten sie sich einem bestimmten Denken, und weil sie ihre eigenen Gedanken nicht in Zucht hatten und ihr Gewissen verfinstert war, konnten sie nicht widerstehen.

Haben Sie sich auch schon gefragt, warum es den Menschen manchmal so schwerfällt, das Evangelium zu begreifen? Es ist so einfach, aber sie stehen da wie der Ochse vor'm Scheunentor. Ich selber habe in einem Evangelisationsgottesdienst nach dem anderen gesessen, als unbekehrbarer Rebell. Ich begriff nicht die Bohne. Ich verstand nur »Bahnhof«, weil mein Denken gegen die Wahrheit verhärtet war. Ich blieb Gott entfremdet, und mein Denken war ein Spielball des Feindes Gottes, des Satans.

Sie waren vor Ihrer Bekehrung eigentlich ein ganz anständiger Mensch? Das Problem ist, daß Gott nicht nur unsere Taten sieht, sondern auch unsere Gedanken. In der Bergpredigt sagt Jesus, daß jemand, der eine Frau auch nur mit lüsternen Gedanken ansieht, bereits Ehebruch begeht. Der Gedanke genügt schon. Gott sieht unsere tiefsten Motive und Gedanken; er weiß, daß wir durch und durch voller Sünde sind.

Seit Sie Christ sind

Bei unserer Wiedergeburt geschieht etwas Gewaltiges. Gott nimmt die Decke von unseren inneren Augen fort. Zum ersten Mal in unserem Leben kann Gottes Licht in unseren verfinsterten Verstand eindringen. Es ist gerade so, als ob Gott eine Tür öffnet und in unsere Seele eintritt.

Mit einem Mal beginnen wir zu begreifen. Längst bekannte Bibelverse werden lebendig, Gesangbuchlieder bekommen eine ganz neue Bedeutung, und wir merken: Der Himmel ist in unser Leben gekommen. In Hebräer 10,16 verspricht Gott, daß er sein Gesetz in unser Herz legen und in unseren Sinn schreiben wird, und in Hebräer 10,22 lesen wir, daß unser Herz rein und frei von dem bösen Gewissen werden kann.

Wir beginnen die Wahrheit zu verstehen und lernen, nach ihr zu leben, und sie macht uns frei. Unser Gewissen wird wieder lebendig, sensibel und stark.

Wir hatten die Wahrheit vielleicht schon längst gehört, aber sie perlte gleichsam von uns ab, unser Denken war voller Lügen. Jetzt, wo wir in Christus sind, funktioniert es, wenn wir uns die Wahrheit vorsagen. Es trainiert uns, es erzieht unser Denken, es macht uns frei. Was für ein Evangelium! Unser ganzes Leben wird anders!

Der Hebräerbrief erklärt uns, daß das Blut der alttestamentlichen Opfertiere die Sünde nicht wirklich auslöschen konnte. Es war nur ein symbolischer Akt. Da wurde der Sündenbock in die Wüste gejagt, und die Israeliten wußten, daß sie damit die Vergebung für ihre Sünden hatten – bis zum nächsten Jahr. Aber diese Vergebung erreichte sozusagen nicht ihr Herz. Das Böse in ihrem Denken blieb.

Aber der Hebräerbrief sagt, daß das Blut Jesu, das er am Kreuz für uns vergoß, bis in unser Herz und Gewissen dringt. Es hat mich für immer von meiner Sünde gereinigt und tief in meiner Seele Quellen lebendigen Wassers geöffnet, die mein innerstes Denken erfassen und mich neu machen können.

Es ist möglich, ein erneuertes Denken zu bekommen. Jesus kann mit Ihren unreinen Gedanken, falschen Motiven, Ihrer Eifersucht und Angst fertig werden. Seine Erlösung ist stark genug, um in allen Ihren Lebensbereichen den Feind zu besiegen – auch und ganz besonders in Ihrem Denken.

Mit Christus ist das Licht in Ihre Finsternis gekommen, die Wahrheit hat die Lüge besiegt, Ihr Gewissen ist erwacht und die Decke vor Ihren inneren Augen weggenommen worden.

Das ist der innere Zustand des Menschen, der sich zu Christus bekehrt hat.

Die große Verwandlung

Diese Verwandlung geschieht nicht über Nacht. Sie finden, daß das deprimierend klingt? Aber es ist eigentlich befreiend. So viele Christen leben in ständigen Schuldgefühlen, weil sie sich einbilden, daß der Mensch bei seiner Bekehrung mit einem Mal ein fertiger Heiliger werden müsse, und sich entsprechend für Versager halten – gewissermaßen Christen zweiter Klasse.

Alle herhören: Die Erneuerung unseres Denkens ist ein allmählicher Prozeß.

Die Macht der Vergangenheit brechen

Viele Christen verstehen die Welt nicht mehr, wenn sie entdecken, daß sie trotz Wiedergeburt, Wassertaufe, Geistestaufe und all den anderen wunderbaren Dingen des Reiches Gottes immer noch die gleiche alte Angst oder das gleiche Problem haben wie früher.

Kennen Sie das auch von sich? Sie haben nach wie vor Probleme in Ihrem Leben. Gott zaubert nicht die Spinnen in Ihrem Keller weg, wenn Sie Angst vor Spinnen haben. Er läßt die Sonne nicht 24 Stunden lang scheinen, bloß weil Sie Angst vor dem Dunkeln haben.

Aber Gott will Ihnen zeigen, wie Sie Ihre Angstsituationen mit einem neuen Denken angehen können. Wenn Sie auf diesen Lernprozeß eingehen, kommt es zu einem echten und dauernden Sieg für das Evangelium,

Jeden Gedanken gefangennehmen

Ich begegne in meiner Arbeit oft Christen, die tiefsitzende Probleme aus ihrer Vergangenheit mit sich herumschleppen und einfach nicht davon frei werden. Manchmal brauchen diese Menschen befreiende Seelsorge; solche Seelsorge kann sehr mächtig sein und den Betreffenden echt aus den Klauen des Teufels herausreißen. Doch leider geschieht es oft, daß diese Menschen dann anschließend alsbald wieder ganz ähnliche Probleme haben.

Was ist die Antwort? Die nächste Befreiungsseelsorge, noch eine Lossprechung? Hat die erste nicht funktioniert? Nein. Wir sind felsenfest davon überzeugt, daß Jesus am Kreuz starb, um Gefangene zu befreien. Ein Mensch kann in einem Augenblick frei werden, aber was anschließend nötig ist, damit er frei *bleibt*, ist ein *erneuertes Denken*. Es *ist* möglich, in Gottes Kraft neue Wege zu gehen und dem Teufel einen Riegel vorzuschieben – wenn wir es lernen, umzudenken, in den Bahnen des Wortes Gottes. Dies bedeutet, daß mit befreiender Seelsorge und Lossprechung stets solide Hilfestellung zur Erneuerung des Denkens einhergehen muß, oder der Betreffende wird sich nur weiter abquälen, ja womöglich einen Rückfall erleben.

Resümee

Bevor wir zu Christus kamen, waren wir Feinde Gottes, voller Sünde und mit einem falschen Denken und verzerrten Gewissen. Jetzt, nach unserer Bekehrung, ist unsere Sünde voll vergeben, unser Gewissen befreit und Gottes Wahrheit kann sich in uns entfalten. Eine Verwandlung hat begonnen – ein anhaltender Lernprozeß, der das neue Leben, das Gott in uns hineingelegt hat, benutzt, um unser Denken umzumodeln. Ein tolles Abenteuer liegt vor uns!

3. Wer bin ich?

Bevor wir uns näher mit dem Kampf um Ihr Denken befassen, jenem dynamischen Veränderungsprozeß, der Ihnen nach Ihrer Bekehrung offensteht, müssen wir all das, was wir in den ersten beiden Kapiteln über unsere Kindheit und Vergangenheit und über das, wovon wir frei werden sollen, angesprochen haben, noch einmal Revue passieren lassen. Lassen Sie uns ein paar der Probleme nennen. Benutzen Sie dieses Kapitel zur Selbstdiagnose, nicht zur Selbstverurteilung!

Unsere Vergangenheit

Ein wichtiger Teil unseres persönlichen Hintergrundes ist natürlich die Art und Weise, wie wir aufgewachsen sind. In Sprüche 22,6 heißt es: »Erziehe dein Kind schon in jungen Jahren – es wird die Erziehung nicht vergessen, auch wenn es älter wird« (Hoffnung für alle). Dies ist Gottes Wort an Eltern, und als Christen sollten wir uns gerade bei unseren eigenen Kindern daran halten.

Doch leider stimmt auch die Kehrseite der Medaille: Das, was ich als Kind an Schlechtem und Falschem gelernt habe, sitzt genauso fest wie das Gute. Es ist viel leichter, bei dem zu bleiben, was man gewöhnt ist, als neue Wege in seinem Denken zu gehen.

»Rühr mich nicht an«

Eine junge Dame, die vor einigen Jahren zum Glauben kam, hatte eine sehr schwierige Kindheit hinter sich. Ihr Vater war gestorben, als sie zehn Jahre alt war. Nach der Beerdigung setzte die Mutter sich mit den Kindern zusammen und fragte sie, ob sie traurig waren.

»Ja«, sagten sie alle, »es ist so schrecklich, daß Papa nicht mehr da ist.«

»Das stimmt«, erwiderte die Mutter. »Und ab jetzt werde ich euch so erziehen, daß ihr nie mehr traurig werden müßt. Ich werde euch beibringen, wie ihr Abstand von den Menschen haltet, dann bleibt euch so etwas wie jetzt erspart.«

Gesagt, getan. Dieses Mädchen lernte es, seine Gefühle für sich zu behalten und sich niemandem zu sehr zu öffnen. Es wuchs in einem Schneckenhaus auf. Dann kam es zu Christus und wurde ein Glied des Reiches Gottes, und es war einfach wunderbar. Die junge Dame erlebte die Geistestaufe und eine gewaltige Befreiung. So ging das ein paar Monate lang.

Doch dann meldete ihre Vergangenheit sich wieder, und diese Vergangenheit stand in Konflikt mit Gottes Wort. Nirgends in der Bibel sagt Gott: »Lebe nur für dich selber, laß dich auf niemand anderes ein.« Er sagt das genaue Gegenteil: Liebe deinen Nächsten wie dich selbst, denk an deine Mitmenschen, öffne dich.

Wie diese junge Dame es trotzdem schaffte? Indem sie anfing, ihr Denken vom Wort Gottes bestimmen zu lassen. Das war erst schwierig und brauchte seine Zeit, aber nach und nach bekam sie ein erneuertes Denken und damit ein neues Wesen.

Sie hatte hohe Mauern um ihr Leben errichtet. Als sie zu Christus fand, brach Gott diese Mauern ab. Plötzlich konnte sie den Horizont wieder sehen! Doch dann war ihr das nicht geheuer, und so fing sie, fast automatisch, an, die Mauern wieder aufzubauen. Um diesen Prozeß zu stoppen und sich wieder zu öffnen, mußte sie Gottes Wort in ihr Denken hineinlassen, damit ihre Vergangenheit ihre Gegenwart nicht mehr beherrschen konnte.

Unter der Fuchtel der Eltern

Dies ist ein Gebiet, das oft problembeladen ist, und dies nicht zuletzt deswegen, weil die Bibel klar von uns verlangt, unseren Eltern zu gehorchen, solange wir Kinder sind, und sie dann, wenn wir selber erwachsen sind, immer noch zu ehren.

Doch oft begegnen wir Christen, die von ihren Eltern schier unterdrückt werden – womöglich noch als Erwachsene, und jawohl, auch dann, wenn die Eltern Christen sind. Dies führt unweigerlich zu Konflikten mit dem Reich Gottes.

Jesus hat gesagt: »Wer Vater oder Mutter mehr liebt als mich, der ist meiner nicht wert; und wer Sohn oder Tochter mehr liebt als mich, der ist meiner nicht wert« (Matthäus 10,37). Mit anderen Worten: Er sollte in unserem Leben die erste Stelle einnehmen. Dies ist nicht leicht für uns. Kurz vor diesen Worten sagt Jesus sogar: »Ich bin nicht gekommen, Frieden zu bringen, sondern das Schwert« (Matthäus 10,34). Ein Schwert schneidet, ein Schwert tut weh. Aber es schneidet, damit wir frei werden – frei in unserem Denken und frei zu einer guten und gesunden Beziehung zu unseren Eltern.

Jesus selber stand genau vor diesem Problem, als seine Familie ihn unter massiven emotionalen Druck setzte. In Markus 3,31-35 lesen wir: »Und es kamen seine Mutter und seine Brüder und standen draußen, schickten zu ihm und ließen ihn rufen. Und das Volk saß um ihn. Und sie sprachen zu ihm: Siehe, deine Mutter und deine Brüder und deine Schwestern draußen fragen nach dir. Und er antwortete ihnen und sprach: Wer ist meine Mutter und meine Brüder? Und er sah ringsum auf die, die um ihn im Kreise saßen, und sprach: Siehe, das ist meine Mutter und das sind meine Brüder! Denn wer Gottes Willen tut, der ist mein Bruder und meine Schwester und meine Mutter.« Jesus hatte gemerkt, daß dieser »Einmischungsversuch« seiner nächsten Verwandten darauf hinging, ihn an seinem Dienst zu hindern. Wie viele Christen gibt es, die nicht das tun, wozu Gott sie berufen hat, weil ihre Lieben sie nicht lassen? Gehören Sie vielleicht auch dazu?

Erwartungsdruck

Ein weiteres Konfliktgebiet, das einige von uns kennen, ist dieses ständige Gefühl, ein Versager zu sein, weil wir »nicht gut genug« waren.

»Naja, nicht schlecht, aber . . .!«

»Warst du der Zweitbeste? Du hättest doch der Sieger werden können?«

Dies ist die Erfahrung so manchen Teenagers, der pausenlos den guten Noten in der Schule hinterherrennt, während er tief drinnen aus Mangel an Liebe, Zuwendung und Bejahung schier kaputt geht.

Wir müssen diese Einstellung mit Stumpf und Stiel aus unserem Denken ausrotten. Sie geht gegen Gottes Liebe und Gnade, gegen die Haltung, die er uns gegenüber hat.

»Du taugst nichts«

Auch ein dauerndes Sichschlechtmachen kann uns als Kindern von unseren Eltern eingeimpft worden sein.

»Du bist ein hoffnungsloser Fall, du bist gerade so wie dein Vater . . .«

Oft, viel zu oft begegnen wir Menschen, die als Kinder jahrein, jahraus solche Sprüche um die Ohren geschlagen bekamen. Sie sind schier tödlich, die Sprüche, und solch eine Erziehung wird Ihr ganzes Leben dominieren – so lange, bis wir es Gottes Wort erlauben, mit seiner Wahrheit den Kampf zu gewinnen und unser Selbstwertgefühl wiederherzustellen.

Traumen

Andere Menschen haben in ihrem Leben traumatische Erlebnisse gehabt, die seitdem ihr Verhalten in bestimmten Situationen prägen. Sie können sie einfach nicht vergessen. Das können zum Beispiel Kriegserinnerungen sein – Nächte im Luftschutzkeller, Flucht und Vertreibung –, deren Stachel selbst in dem neuen Leben im Reich Gottes nicht aufhört.

Wir könnten noch viele andere Beispiele für Traumen (besonders Kindheitstraumen) nennen, aber der springende Punkt ist: Gott kann die Macht, die diese Dinge über Ihr Leben haben, brechen und Ihr ganzes Denken so erneuern, daß es nicht mehr von ihnen beherrscht wird. Egal, wie groß und prägend das Trauma ist – Ihr Denken kann neu werden.

Der tägliche Gruppendruck

Die Welt, in der wir leben, versucht pausenlos, uns ihr Denken aufzuzwingen. So wie wir von den Narben unserer Kindheit und Erziehung frei werden müssen, müssen wir auch von diesen ungesunden Werten frei werden, die wir von unserer Umwelt übernommen haben, denn auch sie können uns zutiefst prägen.

Materialismus

Für die meisten Christen ist nicht das Geld, das sie haben, ein Problem, sondern ihre Einstellung zu ihm. Ein bißchen mehr Geld brauchen könnten wir alle, nicht wahr? Aber der entscheidende Punkt ist unsere Haltung zu dem Geld – womit wir wieder beim Denken wären.

Einer der am häufigsten falsch zitierten Bibelverse ist 1. Timotheus 6,10. Dort steht nicht, daß das *Geld* »eine Wurzel alles Übels« ist, sondern die *Geldgier*. Materialismus ist nicht eine Frage, wie viel Geld einer besitzt, sondern was für eine Einstellung zu seinem Geld er hat. Man kann bettelarm und trotzdem ein Materialist sein.

Die Bibel ist radikal. Jesus sagt: »Ihr könnt nicht Gott dienen und dem Mammon« (Matthäus 6,24). Wenn wir Gott dienen, vertrauen wir darauf, daß er uns das gibt, was wir brauchen. Wer nicht für den Mammon (das Geld) lebt, der wird in seinem Denken und damit auch in seinen Entscheidungen nicht davon beherrscht, wie er möglichst reich werden kann.

Es ist interessant, wie pervers und selbstbetrügerisch die Welt bei diesem Thema sein kann. Schauen Sie einmal in den Klatschteil Ihrer Zeitung, wie dort die neueste Ehescheidung des Filmstars X genüßlich breitgetreten wird. Und dann blättern Sie um, und was finden Sie? Die nächste Werbung für die Klassenlotterie. Sind Lottogewinner glücklichere Menschen? Meistens nicht.

Die Spaßgesellschaft

Wie einfach ist es doch, die Werte der Spaßgesellschaft zu übernehmen. Könnte es sein, daß die Christen hier wieder einmal mit diskreter Verzögerung die Tagesordnung der Welt kopieren?

Viele von uns sind der moralischen Botschaft unserer Fernsehunterhaltung erlegen. Seifenopern holen uns »die Welt, wie sie ist« ins Wohnzimmer. Sanktioniert das diese Welt? Was für Werte flimmern da über den Bildschirm – vielleicht nicht aufdringlich-platt, aber unterschwellig-raffiniert? Was für eine Weltanschauung nehmen Sie beim Zuschauen auf? Versuchen Sie einmal den folgenden Test: Lassen Sie den Kasten ein Jahr lang aus und schalten Sie ihn dann wieder ein. Was sehen Sie? Ein anderes Bett und ein anderes Paar, aber dieselbe Story.

Aber gibt es nicht auch »realistische« Serien? Das echte Leben in all seiner ungehobelten Unmittelbarkeit? Aber müssen wir uns wirklich von Bildern »unterhalten« lassen, die uns den Sündensumpf einer gottlosen Gesellschaft vor die Nase halten? »Aber so ist das Leben nun mal«, heißt es. Wirklich? So viele Seifenopern zeigen zum Beispiel nur die eine Seite des Ehebruchs: das Vergnügen mit dem / der »Neuen«, aber nicht das heulende Elend des sitzengelassenen Partners, das mindestens genauso realistisch ist.

Dies sind die Haltungen, die heute unsere Gesellschaft beherrschen. Sie sind eine Zeitbombe, die alles bedroht, vor allem aber die Geborgenheit und das Glück eines an Gott orientierten Familienlebens. Als Christen sind wir in Gefahr, diese Werte zumindest teilweise zu übernehmen, ohne es zu merken, bis wir eines Tages entdecken, daß wir den Kampf um das Denken verloren haben.

Passivität

Passivität ist ein wachsendes Problem für den heutigen Christen. Im Zeitalter des real existierenden Feminismus ist es vor allem ein Problem für die Männer.

Wir treten beiseite, wir mischen uns nicht ein, wir verhalten uns so ruhig wie möglich. Es ist eine Art Verteidigungsmechanismus. Immer mehr Männer in unseren Fernsehunterhaltungssendungen sind Schlaffies, die von den Frauen soverän am Gängelband geführt werden.

Dieses Schlaffietum kann Männer innerlich lahmlegen. Sie lassen sie verstreichen, die Stunden und die Jahre, schlagen mehr oder weniger ihre Zeit tot und überlassen das Machen und das Zielesetzen den anderen.

Wenn diese Haltung auch nur ein bißchen Fuß gefaßt hat in Ihrem Denken, ist es höchste Zeit, Ihren Kopf wieder frei zu bekommen. So groß ist die Verunsicherung über die Rollen der Geschlechter heute, daß selbst Christen teilnehmen an der Debatte darüber, was »männlich« und was »weiblich« ist. Es ist gut, daß sie endlich aufgewacht sind, aber wir sollten aufpassen, daß wir nicht in die gleiche Falle tappen wie die Welt und in einem Sumpf der Verwirrung versinken, in welchem zum Schluß alles geht – doch genau dies werden wir tun, wenn wir das Problem nur von der »Kultur« her angehen, und nicht von der Bibel. Es ist gut, daß mehr und mehr Frauen sich frei fühlen, ihre Weiblichkeit auszudrücken, aber immer mehr Männer brauchen auch Hilfe zum Verständnis ihrer Männlichkeit. Der Schlüssel liegt einmal mehr in unserem Denken.

Angst, Angst ...

Nicht nur Ängste aus unserer Kindheit können unser Denken beeinflussen und unsere Geborgenheit in Gott empfindlich stören, sondern auch die Ängste in der Welt um uns herum.

In unserer Gesellschaft wirken die Nachrichten in Zeitung und Fernsehen fast so wie die Glocke bei dem Pawlow'schen Hund. Kaum ist wieder irgendwo ein Unglück passiert, bekommen die Leute – Angst. Nicht um die Menschen, die im fernen Mexiko betroffen sind, sondern um ihre eigene Zukunft, versteht sich. Hören Sie sich einmal um, und Sie bekommen eine ganze Liste solcher Ängste zusammen: Angst vor einem neuen Krieg im Nahen Osten, Angst vor neuen Krankheiten, Angst vor Bakterien im Essen, vor dem Treibhauseffekt, vor Flugzeugabstürzen und Bombenanschlägen – eine Welt voller Angst.

Es gibt Christen, die sich so von diesen Ängsten gefangennehmen lassen, daß sie schier nicht zu unterscheiden sind von den Menschen ohne Gott, »die keine Hoffnung haben« (1. Thessalonicher 4,13). Wir brauchen die Wahrheit Gottes, um unser Denken zu erneuern und zu befreien, hinein in die Geborgenheit, die nur Gott geben kann.

Miterzieher Medien

Heute überlassen viele Zeitgenossen das Denken dem Fernseher. Wenn sie den Kasten einschalten, schalten sie ihr Denken ab und lassen sich mit dem, was da über den Bildschirm flimmert, das Gehirn füttern. Das Fernsehen prägt, lehrt, überzeugt, formt uns, und wenn unser Denken nicht erneuert ist, schlucken wir es alles, ohne es auch nur zu merken.

Christen sind Leute, die ihren Verstand an der Garderobe abgeben, heißt es immer wieder. Wir müssen dieses Vorurteil mit aller Kraft zurückweisen. Die großen Manipulatoren unserer Zeit sind die Medien; sie sind es, die unsere Meinungen, unsere Anschauung, unser ganzes Denken formen, ob nun offen oder auf die leise Tour, und ihre Religion ist, in immer neuen Varianten, die Vergötterung des Menschen.

Es ist noch nicht so lange her, da war die Darstellung der Homosexualität als alternativer Lebensstil für die überwältigende Mehrheit der Lehrer undenkbar. Heute ist das plötzlich anders. Warum? Hat sich die Homosexualität geändert? Nein, sondern gewisse Meinungsmacher haben den Kampf um das Denken der Menschen gewonnen.

Wir müssen uns ständig neu frei machen von dem Meinungsdruck der Medien. Heute diktiert die Werbung, wer oder was gut aussieht und gerade modern ist; Fernsehserien entscheiden über unsere Ethik und propagieren die gottlose Gesellschaft. Ein enormer Hebel ist in unseren Tagen die »politische Korrektheit«. Man fragt sich manchmal, wieviel Zeit die Medien wohl auf die »korrekte« Verpackung ihrer Produkte verwenden. Ich will hier nicht das Thema anschneiden, ob politische Korrektheit eine Geißel oder eine Notwendigkeit ist, aber sie ist jedenfalls ein klassisches Beispiel für Konformitätsdruck. Die Medien machen uns vor, was wir zu denken haben, und die Leute schlucken es willig. Es ist heute schwerer denn je, gegen den Strom zu schwimmen; der Druck der Meinungsmacher ist übermächtig geworden. Aber was, wenn dieser Druck falsch ist und gegen das geht, wie wir als Christen denken sollten?

Wir brauchen ein von Gottes Wahrheit erneuertes Denken, um fest zu seinen Geboten zu stehen, ohne deswegen aus der Welt auszuziehen. Wir wollen keine Einsiedler sein, die jeden Kontakt mit der Welt meiden, sondern Menschen, deren Leben eine Verkündigung des Reiches Gottes ist. Wenn dies bedeutet, daß wir anders sein müssen, dann müssen wir anders sein.

Die Sache mit der Kultur

Ein Gebiet, wo wir manchmal durchaus »anders« sein müssen, ist die Auseinandersetzung mit unserer modernen Kultur. Es ist mir immer ein Anliegen gewesen, daß die christliche Gemeinde der Kultur ihrer Zeit etwas zu sagen hat, und es tut mir weh, wenn das Christentum auf eine Art präsentiert wird, die den Menschen, die wir erreichen wollen, ein archaisches Buch mit sieben Siegeln ist. Christen sollten wissen, was »dran« ist in ihrer Gesellschaft, und nach kreativen Wegen suchen, Jesus einer modernen säkularisierten Gesellschaft zu bringen. Doch andererseits muß ich mich der Tatsache stellen, daß vieles von dem, was ich glaube und praktiziere, in Widerspruch zu der modernen Kultur steht und daß das Evangelium über den Kulturen steht und nicht ein Teil von ihnen ist. Wir leben in einer Zeit, in der das Evangelium von der herrschenden Kultur abgelehnt wird.

Christen dürfen keine kulturellen Klone sein. Oder wie Paulus es in Römer 12,2 (Bruns) ausdrückt: »Gestaltet euer Leben nicht nach der Weise (wörtlich: dem »Schema« [dem Denken, der Kultur]) dieser Welt.« Wir finden unter den Christen der westlichen Welt heute einen wachsenden Anpassungsdruck an die säkulare Kultur – oft mit den besten Absichten, zum Beispiel um »relevant« zu sein. Doch machen wir uns nichts vor: Wo unsere Kultur in Widerspruch zu Gottes geoffenbartem Willen steht (etwa außerehelicher Sex), hat unser Denken nicht von unserer Kultur gesteuert zu sein, sondern von Gottes Wort. Der Widerstand gegen den Anpassungsdruck unserer Zeit kann zu allen möglichen Mißverständnissen, ja zu offener Feindschaft führen, aber es lohnt sich für die Ewigkeit, die Dinge durch Gottes Brille zu sehen. Kulturen, wie Moden, kommen und gehen; Gottes Wort bleibt in Ewigkeit.

Teil II

Wie man es richtig macht

4. Auf in den Kampf!

Wir haben gesehen, wie wichtig es ist, unser Denken zu erneuern. In den folgenden Kapiteln wollen wir uns anschauen, wie man das macht. Wir haben die Bereiche gestreift, in denen unser Denken verwandelt werden muß, und wissen, wie arm unser Christenleben ist, wenn diese Verwandlung ausbleibt.

Wir stehen in einem Kampf, für den Gott uns mit genau den richtigen Waffen ausgestattet hat. Wenn Sie diese Waffen benutzen, kann Ihr Leben anders werden. Wir können Männer und Frauen werden, die Sieger im Reich Gottes sind.

Alles Denken gefangennehmen

Paulus schreibt den Christen in Korinth: »Zwingt mich nicht, bei meinem Kommen so unerschrocken und fest aufzutreten, wie ich es gegen gewisse Leute zu tun gedenke, die meinen, wir verhalten uns wie Menschen dieser Welt. Wir leben zwar in dieser Welt, kämpfen aber nicht mit den Waffen dieser Welt. Die Waffen, die wir bei unserem Feldzug einsetzen, sind nicht irdisch, aber sie haben durch Gott die Macht, Festungen zu schleifen; mit ihnen reißen wir alle hohen Gedankengebäude nieder, die sich gegen die Erkenntnis Gottes auftürmen. Wir nehmen alles Denken gefangen, so daß es Christus gehorcht« (2. Korinther 10,2-5 Einheitsübers.).

Wenn die Bibel von »Festungen« redet, meint sie damit die Bastionen des Feindes. Bevor Sie sich zu Christus bekehrten, war Ihr Denken das Territorium des Satans, über das er herrschte, ob Sie das nun merkten oder nicht. Er saß so fest im Sattel, daß er regelrechte Festungen anlegen konnte, um sich in Ihrem Leben einzugraben.

Doch nun sind Sie wiedergeboren, und damit hat Christus die Autorität über Ihr Leben, und zwar eine viel größere als der Teufel. Sie sind aus dem Reich der Finsternis und der Herrschaft des Satans in das Reich Gottes und die Herrschaft Christi versetzt worden, der die Macht hat, all das, was der Teufel im Laufe der Jahre in Ihnen aufgebaut hat, zu zerstören. Jetzt hat Jesus die letzte Autorität über Ihr Leben.

Aber Vorsicht: Der Teufel gibt sich nicht kampflos geschlagen! In Ihrem Herzen tobt ein Krieg. Jahrelang hat der Satan Ihr Denken und Wollen beherrscht. Er kennt Ihre Schwachstellen, er weiß, wo Sie ihm Platz gemacht haben, und hat dort seine Festungen errichtet.

Die »Gedankengebäude« in 2. Korinther 10,5 erheben sich gegen »die Erkenntnis Gottes«, d. h. sie sind leere, arrogante Lügen. Diese Dinge, die Ihr Denken beherrschen, sind nicht die Wahrheit, sondern geben bloß vor, wahr zu sein. In der Macht Gottes können wir sie vollständig zerstören – Preis dem Herrn!

Wenn ich zum Beispiel, was eine meiner Schwächen ist, es in einer schwierigen Situation mit der Angst zu tun bekomme, dann geschieht dies, weil ich diese Angstgedanken noch nicht gefangengenommen und der Wahrheit in Christus untertan gemacht habe.

Paulus sagt, daß wir *alles* Denken gefangennehmen sollen. In Ihrem Kopf liegt ein umkämpftes Gebiet, und dieses Gebiet ist unser Schlachtfeld. Passen Sie auf, daß Sie jeden Gedanken, der über dieses Gebiet läuft, gefangennehmen und Christus untertan machen, und das sofort!

Der Helm des Heils

Wir finden den »Helm des Heils« in Epheser 6,17. Wenn die Bibel von Heil bzw. Erlösung spricht, tut sie das in zwei Kontexten. Der eine Kontext ist die Erlösung, die in der Rechtfertigung durch den Glauben besteht, der zweite ist das Konkretwerden dieser Erlösung in unserem Alltag. In diesem zweiten Kontext ist Erlösung ein immer wieder neuer Prozeß; wir werden, wenn Sie so wollen, jeden Tag von neuem erlöst.

Dies bedeutet nicht, daß wir jeden Tag von neuem bekehrt werden müssen! Die Rechtfertigung des Sünders in Christus ist ein einmaliges Geschenk Gottes. Christus vergibt uns unsere Schuld, so daß wir als Gerechtgesprochene vor Gott dastehen.

Aber die *Auswirkungen* dieser Rechtfertigung gehen mein ganzes Leben lang weiter. Gott will auch mein Denken und meine Gefühle erlösen, ja nach meinem Tod wird er mir einen neuen Körper geben. Gott rettet nicht bloß »Seelen«, er rettet die ganze Person. Dies aber bedeutet, daß seine Erlösung sozusagen jeden Bereich meines Lebens durchdringen muß.

Wenn Paulus in Epheser 6,17 vom Helm des Heils spricht, spricht er von unserem Denken. Seine Erlösung muß unser Denken durchdringen. Viele durchaus wiedergeborene Christen kommen nicht recht voran, weil Gottes Heil noch nicht ihr Denken erreicht hat.

Es gibt in ihrem Kopf viele Gebiete, wo der Satan sich ungestört bewegen kann – gewissermaßen Flugplätze, auf denen er immer wieder landet, weil sie wunderbar intakt sind.

Wir gehen eine Straße entlang und sehen eine attraktive Frau, und – zack! – kommt er wieder, der Teufel, und wir begehen die nächste Gedankensünde. Oder wir stehen vor einem Problem, und schon kommt er an mit seinen Lügen – und wir fühlen uns sogar ganz wohl dabei, weil wir ja immer so gedacht haben und nichts anderes gewohnt sind.

Wir müssen, um in dem Bild zu bleiben, diese Gedankenflugplätze mit der Wahrheit über unsere fortschreitende Erlösung in Christus bombardieren, so daß der Teufel nicht mehr landen kann. Nehmen Sie diese Landebahnen für Christus gefangen!

Als ich Christ geworden war, hatte ich noch jahrelang gewisse Schwachstellen in meinem Denken, die der Teufel bestens kannte und immer wieder benutzte, um mich zu Fall zu bringen. Doch nach und nach habe ich diese Schwachstellen erkannt und es gelernt, dem Feind Widerstand zu leisten. Ich kann nicht behaupten, daß ich heute immer der Sieger bin, aber ich erkenne die Warnzeichen fast immer sofort.

Attacke!

Viele Christen, die eine Bibelarbeit über das Thema »Denken« machen, sind überrascht, wie oft das Neue Testament über das Denken spricht. Die Disziplinierung unseres Denkens ist ein zentraler Teil der apostolischen Lehre. Leider sind Christen, die regelmäßig über dieses Thema sprechen, heutzutage Mangelware.

Petrus fordert uns auf: »Umgürtet nun eure Lenden, macht euch fertig zu rüstigem Vorwärtsschreiten und seid beständig in innerer Bereitschaft« (1. Petrus 1,13 Viebahn). Was besagt dieser Satz? Wir befinden uns in einem Krieg, und darum müssen wir kampfbereit sein. Hängt nicht herum, sagt Petrus uns. Macht euch innerlich bereit, seid nüchtern, haltet eure Gedanken unter Kontrolle. Heute scheint es vielen Christen vor allem wichtig zu sein, wie sie sich *fühlen*, wo Menschen ihnen wehgetan haben oder wo es in ihrem Leben Wunden aus der Vergangenheit gibt. Die Bibel sieht das anders; sie fordert uns nicht auf, in unseren Gefühlen und Erinnerungen herumzuwühlen, sondern hier und jetzt die richtigen Gedanken zu denken!

Es gibt Menschen, die das Zeug zu einem tollen Christenleben haben, aber irgendwie bringen sie es nicht fertig, das Potential, das Gott ihnen da gegeben hat, zu nutzen. Nicht selten liegt das daran, daß sie von der »Locker vom Hocker«-Sorte sind. Bestimmt kennen auch Sie solche Christen. Sie sind angenehme Gesellschafter, immer schön lässig, freundlich und leger. Leider auch in ihrem Denken. Gottes Waffenrüstung anlegen? Es wird schon nicht die Welt untergehen, wenn ich das einmal vergesse ...

Diese Einstellung läuft der Aufforderung der Bibel, stets bereit zum Kampf zu sein, voll entgegen. Wir finden diese

Aufforderung erneut in 1. Petrus 5,8: »Seid nüchtern und wacht; denn euer Widersacher, der Teufel, geht umher wie ein brüllender Löwe und sucht, wen er verschlinge.«

Dies ist kein Spiel. Viele von uns kommen in unserem Denken zu Fall, weil wir einfach träge und undiszipliniert sind. Wir nehmen die Gefahren auf die leichte Schulter und machen uns so zu einem leichten Ziel für die Angriffe des Teufels.

Bedenken wir auch, daß der Teufel ein notorischer Lügner und Betrüger ist. Er kommt uns nicht mit Hörnern und Mistgabel entgegen (dann wären wir gewarnt), sondern verkleidet sich mit Vorliebe in etwas, das vernünftig und schön aussieht. In Epheser 6,12 kommentiert Paulus, daß wir nicht mit Fleisch und Blut zu kämpfen haben, sondern mit »Mächtigen und Gewaltigen« und »den bösen Geistern unter dem Himmel«. Aber wo findet dieser Kampf statt? Mir scheint aus diesem Vers hervorzugehen, daß diese Mächte der Geisterwelt Fleisch und Blut so ähnlich sehen, daß man die beiden leicht verwechseln kann. Mit anderen Worten: Diese Mächte stehen mit beiden Beinen auf der Erde; sie sind mitten in unserer Alltagswelt am Werk und nicht in irgendeinem weit entfernten Jenseits.

Wenn ich es mit Mächten aus der Geisterwelt zu tun habe, dann haben sie es auf mein Denken abgesehen. Wenn ich eine falsche Einstellung zu meiner Kirche habe, wenn ich nachtragend bin und nicht vergeben will, wenn ich negativ über meinen Pastor denke und damit der ganzen Gemeinde schade, dann haben diese »Mächtigen und Gewaltigen« ein großes Stück Territorium erobert. Aber wenn ich mein Denken ändere, dann nehme ich den Kampf mit diesen Mächtigen auf.

Noch einmal: Der Satan ist ein Lügner. Zum Beispiel dann, wenn er mir einen sexuellen Gedanken eingibt, der nicht in Ordnung ist. Er sagt. »Komm, stell dir dieses Bild vor! Das tut dir gut, und du fühlst dich besser.«

Unfug! Wir wissen natürlich, daß die Befriedigung nur einen Augenblick dauert und daß sofort darauf das schlechte

Gewissen kommt. Wir wissen, daß diese Bilder uns nicht guttun, sondern unser Verhältnis zu Gott trüben und uns am Ende, wenn wir ihnen freie Bahn geben, auffressen und zerstören.

Viele Christen geben dem Teufel die Schuld an ihrem Elend und sehnen sich nach jemandem, der sie von ihren Anfechtungen losspricht, aber sie brauchen nicht so sehr die Lossprechung, sondern den Mumm, Widerstand zu leisten. Widerstand gegen jenen ersten Gedanken. Bombardieren Sie die Landebahn, werfen Sie dem Teufel ein paar Steine in den Weg!

Seelsorger: »Zum Glück ist es nur der Teufel. Das haben wir gleich!«

Christ: »Aber ich brauche doch sicher noch ein paar Termine mit Ihnen und richtige innere Heilung?«

Seelsorger: »Nein, es ist nur der Teufel, das ist weiter kein Problem. Er ist halt ein Lügner und hat Sie für einen Augenblick hinters Licht geführt, das ist alles.«

Christ: »Aber ich habe mir in meinem Terminkalender drei Stunden mit Ihnen reserviert!«

Seelsorger: »Die können Sie dann nutzen, um ein paar Bibelverse auswendig zu lernen. Lernen Sie die Wahrheit, und dann sagen Sie sie sich vor.«

Christus hat Ihr Denken erobert; jetzt ist er sein Herr.

Der Teufel hat im Kampf um unser Denken nur eine Waffe zur Verfügung: die *Versuchung*. Ob ihm diese Versuchung gelingt oder nicht, hängt davon ab, wieviel Raum wir ihr in unserem Denken geben. Es bringt nichts, wenn Sie zu Ihrem Pastor oder Hausbibelkreisleiter rennen und ihn bitten: »Bitte nimm meine Gedanken für mich gefangen, ich schaffe das nicht selber.« Sie müssen das schon selber tun.

Jakobus schreibt: »So seid nun Gott untertan. Widersteht dem Teufel, so flieht er von euch« (Jakobus 4,7).

Klingt einfach, nicht wahr? Eine Verheißung von Gott selber, die schwarz auf weiß in der Bibel steht. Und die Verheißung lautet nicht einfach, daß der Teufel in den Schmollwinkel gehen wird; nein, er wird regelrecht die Flucht ergreifen.

Er verschwindet so schnell er kann, er wird nicht mehr da sein.

Wie gesagt: Der Teufel ist ein Lügner. Fangen Sie an, seine Worte als Lügen zu sehen und ihm Widerstand zu leisten. Er predigt unserem Land seit Jahren: »Betet den Gott des Sex an. Gebt euch ihm hin, und ihr werdet glücklich.« Er verschweigt die andere Seite der Medaille: die Scheidungswaisen, die Geschlechtskrankheiten und AIDS, die Abtreibungen und die Erniedrigung der Prostitution. Das Endergebnis ist Elend. Der Satan ist ein Lügner, ja der Vater der Lügen.

5. Nicht dran denken – aber richtig!

Wie man es nicht machen sollte: Viele Christen bilden sich ein, daß man eine Versuchung am besten dadurch besiegt, daß man sich intensiv auf sie konzentriert. Sie glauben, daß es Schwerarbeit sein muß, sein Denken für Christus gefangenzunehmen.

Nehmen wir an, Sie haben ein Problem mit Ihrer sexuellen Phantasie. (Sie haben eher Probleme mit der Wut, der Eifersucht, der Angst usw.? Ersetzen Sie im folgenden »sexuelle Phantasie« durch diese Begriffe.) Sie wollen dieses Problem in den Griff bekommen und denken etwa so: »Ich muß mein Denken erneuern, ich muß, ich muß! Folglich muß ich diese Sexgedanken loswerden. Fort mit euch, ich werde euch nicht mehr beachten! Falsche Lust, geh weg, ich will dich nicht mehr, hörst du? Fort mit dir, bei mir kannst du nichts mehr holen!«

Was ist hier geschehen? Das Gehirn dieses armen Menschen ist nur noch mit Sex beschäftigt. Der Teufel hat es fertiggebracht, ihn ganz auf sein Problem zu fixieren, und nicht auf die Wahrheit. Wie ein Berseker kämpft er gegen seine Lustgedanken an – bis er nichts anderes mehr denken kann.

Machen Sie einmal mit einem nichtsahnenden Freund den folgenden Test:

1. Lassen Sie ihn sich gemütlich hinsetzen, die Augen schließen und denken. Einfach denken, egal, an was. Warten Sie ein paar Augenblicke.
2. Jetzt sagen Sie Ihrem Freund, daß er unter keinen Umständen an weiße Mäuse denken darf. Es ist ihm strengstens verboten, an weiße Mäuse zu denken. Beschreiben Sie die Mäuse in allen Details - die zarten Schnurrhaare, die rosa Nase, den langen Schwanz -, aber wiederholen Sie, daß jedes Denken an weiße Mäuse, und sei es um drei Ecken herum, verboten ist.
3. Wechseln Sie plötzlich zu grauen Elefanten. Ihr Freund darf nicht an graue Elefanten denken. Beschreiben Sie die Elefanten mit Wonne: ihre riesigen Leiber, die gewaltigen Stoßzähne, die Segelohren, das Krachen des Unterholzes, wenn sie durch den Wald stampfen ... Aber nicht vergessen: An Elefanten denken ist streng verboten!
4. Wo sind die weißen Mäuse geblieben?

Genau dies ist das Geheimnis, um den Kampf in unserem Kopf zu gewinnen. Sie haben also einen bösen Gedanken. Wie werden Sie ihn los? *Indem Sie Ihren Kopf mit guten Gedanken füllen.* Wenn ich ein Problem mit sexuellen Gedanken habe, fülle ich meinen Kopf bewußt mit Gedanken, die in Gottes Augen gut, rein und richtig sind. Im Hinterkopf weiß ich natürlich zudem, daß diese unerlaubten Lustgedanken voller Lügen und nicht gut für mich sind. Was geschieht? Die Lustgedanken prallen von mir ab und sind weg.

Kein Vakuum

Zur Erneuerung meines Denkens gehört nicht nur, daß ich gewisse alte Gedanken hinauswerfe; ich muß sie auch durch neue ersetzen. Wenn wir lediglich jene alten Gedanken gefangennehmen, haben wir anschließend ein Vakuum in unserem Kopf - und der Teufel liebt Leerräume, ja er kann sich nichts Besseres vorstellen für seine Versuchungen!

Wenn Sie in Ihrem Denken leere Räume lassen, werden die alten Gedanken immer wieder zurückkommen. Dies ist einer der Hauptgründe für das Steh-auf-fall-wieder-hin-Leben so vieler Christen. Ich kann hundertmal einen bestimmten Gedanken abschütteln, ich kann die richtigen Bibelverse hervorholen und erleben, wie dieser Gedanke die Flucht ergreift, aber wenn ich ihn nicht durch neue, richtige, gottgefällige Gedanken ersetze, lasse ich die Tür weit offen für meinen alten Gedanken. Und richtig, da kommt er schon wieder . . .

In der Bibel verwurzelt

Wir müssen die Gedanken, die wir für Christus gefangengenommen haben, also durch die richtigen Gedanken ersetzen. Die Bibel sagt dies sehr klar. Paulus ermahnt uns: »Richtet eure Gedanken auf Gottes kommendes Reich und nicht auf das, was diese Welt zu bieten hat« (Kolosser 3,2 Hoffnung für alle). In Philipper 4,8 gibt er uns eine ganze Liste der »richtigen« Gedanken: »Was immer wahrhaft, edel, recht, was lauter, liebenswert, ansprechend ist, was Tugend heißt und lobenswert ist« (Einheitsübers.). In Kolosser 3,16 fordert er uns auf, das Wort Christi reichlich in uns wohnen zu lassen, und in Kolosser 2,6-7, in Jesus Christus zu leben und in ihm verwurzelt und gegründet zu sein. Der Christ, dem es gelingt, schlechte durch gute Gedanken zu ersetzen, ist ein Mensch, der im Wort Christi verwurzelt und auf Gottes Reich ausgerichtet ist. Helfen Sie sich gegenseitig im Einüben biblischer Denkmuster. Wenn Ihr Gehirn voll von der Wahrheit Gottes ist, hat der Feind keinen Platz zum Landen mehr. Wenn er dann mit seinen Lügen ankommt, muß er kehrtmachen und dahin zurückfliegen, woher er gekommen ist. Das ist das Ergebnis eines Denkens, das auf Gottes Wahrheit und Wort ausgerichtet ist.

Ein neues Geleise

Wir müssen uns darüber klar werden, daß die falschen, gottlosen Gedanken jahraus, jahrein gleichsam tiefe Wagenspuren in unser Denken eingegraben haben. Angewohnheiten und Verhaltensmuster haben ein ganzes System sündigen Denkens aufgebaut.

Wir alle haben es, dieses tief eingegrabene Denkgeleise. Es ist gerade so wie bei dem klassischen Feldweg, der in der Mitte einen Grasstreifen und rechts und links, mit den Jahren immer tiefer werdend, die Spuren von den großen Rädern der Traktoren hat. Gerade so festgefahren und eingegraben ist das Denken unseres alten Menschen. Die Spuren sind so tief, daß es das Natürlichste der Welt zu sein scheint, in ihnen zu fahren. Wir finden es normal, Angst zu haben oder uns in Selbstmitleid zu suhlen oder auf ein einziges falsches Wort hin aufzubrausen.

Bleiben wir bei dem Bild mit dem Feldweg: Wenn Sie Christ werden, ist das so, als ob Sie ein neues Auto bekommen. Sie steigen ein und fahren los, in ihr altes Denken hinein – und stellen alsbald fest, daß die Räder des neuen Autos so gar nicht in die alten Spuren passen wollen. Sie holpern mehr als daß Sie fahren; wenn Sie richtig Pech haben, bleiben Sie vielleicht sogar hängen.

Ist das bei Ihnen auch so? Es will nicht so recht klappen mit dem neuen, an Gott orientierten Denken; irgendwie paßt es nicht zu Ihrem alten Gehirn.

Die Lösung ist nicht, das neue Auto wegzuwerfen, sondern fleißig mit ihm zu fahren, um neue Spuren zu bahnen. Sie brauchen ein permanentes Einüben neuer Gedanken – auf und ab, auf und ab, auf und ab –, um ein neues Geleise in Ihr Inneres zu graben, eines, das Ihr Denken zu Gott hin ausrichtet. Sie brauchen neue innere Einstellungen, in die die alten, sündigen Gedankenmuster nicht mehr hineinpassen, einen neuen Feldweg, der mit dem alten Traktor schließlich nicht mehr befahrbar ist.

Moment mal – wo steht das noch?

»Schön«, sagen Sie jetzt. »Das habe ich alles begriffen, und das Bild mit dem Feldweg ist toll. Aber was sind denn die richtigen Gedanken, die ich mir angewöhnen soll?«

Für viele von uns, die in sehr gesetzlichen Kreisen aufgewachsen waren, war es eines der großen Aha-Erlebnisse der charismatischen Bewegung, daß Gott in seiner Gnade *nicht* mit einem großen Knüppel in der Hand darauf achtet, daß wir auch jeden Morgen um sechs Uhr unsere Stille Zeit halten.

Was für eine Befreiung! Man entdeckt, daß der Himmel nicht herabstürzt, wenn wir eine ganze Woche keine Zeit zum Bibellesen haben. Auch nicht nach einem Monat. Oder einem Jahr. Was für eine Freiheit! Bis uns eines Tages dämmert, daß es ja gar nicht darum geht, Punkte im Bibellesen zu sammeln, sondern zu wissen, was das Wort Gottes sagt. Wir entdecken, daß wir es dringend nötig haben, die Heilige Schrift in uns aufzunehmen und jede Gelegenheit zu nutzen, nachzuschauen, was Gott in seinem Wort sagt.

Wie wollen wir uns gegen die Lügen wehren, wenn wir die Wahrheit nicht kennen? Wenn wir nicht die Waffen der Wahrheit Gottes zur Verfügung haben, können wir den Kampf nicht bestehen. Wenn wir nicht diese Wahrheit in uns aufsaugen, wie wollen wir dann mit ihr unser Denken verändern?

Die Bibel – das sind nicht nur gedruckte Worte auf Papier. In der Bibel spricht Gott zu mir – seine Wahrheit, die mein Herz und mein Denken durchdringt und mich verändert. Es geht also gar nicht darum, seine Bibellesepflichten zu erfüllen; es ist vielmehr so: Wenn ich merke, daß ich ohne Gottes Wort nicht leben kann, kann ich nicht genug von diesem Wort bekommen. Jeden Tag habe ich Kämpfe zu bestehen – Kämpfe, die ich gewinnen kann, wenn Gottes Wahrheit in mir wohnt.

Gott recht geben

In seinem Wort sagt Gott mir gewisse Dinge über mich, und es ist wichtig, daß ich ihm hier recht gebe. Es geht ja nicht nur darum, wie ich selber mich sehe, sondern ich muß wissen, wie *Gott* mich sieht.

Hören Sie auf, sich um das pessimistische, zynische, schlaffe Bild zu drehen, das Sie von sich selber haben, und fangen Sie an, Gott recht zu geben und das Bild der strahlenden Freude und Geborgenheit zu übernehmen, das er von dem Menschen hat, der sein Kind ist.

Der Feind will Ihnen natürlich einflüstern, daß Gott Sie nicht liebt. »Gott sieht doch alles, wie soll er dich da *lieben* können? Er *mag* dich noch nicht einmal! Und die Leute in der Gemeinde mögen dich auch nicht!«

Lauter Lügen! Tatsache ist: Gott liebt Sie! Jawohl, mit Haut und Haaren und allen Ihren Schwächen und Versagen. Nehmen Sie die Wahrheit endlich zur Kenntnis! Liebt Gott mich? Jawohl! »Aber Gott, der reich ist an Barmherzigkeit, hat in seiner großen Liebe, mit der er uns geliebt hat, auch uns, die wir tot waren in den Sünden, mit Christus lebendig gemacht« (Epheser 2,4-5). Unsere Gedanken sollten voll von der Gewißheit sein, daß er uns ändern kann und will und wird. In 2. Korinther 3,18 schreibt Paulus: »Dabei werden wir selbst in sein Bild verwandelt und bekommen mehr und mehr Anteil an seiner Herrlichkeit. Das bewirkt der Herr durch seinen Geist« (Gute Nachricht Bibel).

Mir fehlt hier der Platz, um für jede Angst oder Versuchung die passenden Bibelverse aufzuführen. Aber wir sollten uns mit diesen Versen vertraut machen. Und natürlich nicht nur mit einzelnen Versen, sondern mit den großen Themen unserer Beziehung zu Gott, die sich wie rote Fäden durch die Bibel ziehen. Ein paar Beispiele müssen genügen, um zu demonstrieren, wie man das macht – in Gottes Wort leben.

Ängste und Phobien

Nehmen wir an, Sie haben, vielleicht als Relikt aus Ihrer Kindheit, eine Angst vor dem Dunkeln. Sie können deswegen in die Seelsorge gehen und sich aus dem Griff des Teufels, den er auf dieser Angst aufgebaut hat, freisprechen lassen, aber um auf Dauer frei zu bleiben, brauchen Sie das Wort Gottes, Sie müssen es förmlich in sich aufsaugen. Also: Eines schönen Abends sind Sie allein zu Hause. Es ist draußen schon dunkel, und Sie müssen etwas hinaus in den Mülleimer tragen. Wie Sie das ohne Panikattacke schaffen? Die Bibel sagt: »... daß du nicht erschrecken mußt vor dem Grauen der Nacht, ... vor der Pest, die im Finstern schleicht« (Psalm 91,5-6). Jesus erklärt: »Ich bin bei euch alle Tage bis an der Welt Ende« (Matthäus 28,20). Und Römer 8,38-39 faßt es alles zusammen in dem Satz, daß nichts uns von der Liebe Gottes trennen kann.

Sie müssen sich entscheiden: Entweder sind dies nur schöne Worte, die sich irgendwann vor Jahrhunderten jemand ausgedacht hat, oder es sind die Worte Gottes, die in Ihr Herz eindringen und Sie füllen und zum Sieger machen wollen. Die Macht Gottes ist heute nicht weniger in ihnen als damals, wo sie geschrieben wurden.

Oder vielleicht haben Sie Angst vor dem Fliegen. Diese Angst plagte mich jahrelang. Da fliege ich wieder einmal in die USA, in einer schönen großen Boeing 747, und als wir über den Wolken angekommen sind, muß ich an diese Horrorfilmserie denken, die es einmal gab: *Airport 77, 78, 79* usw. Flugzeuge mit toten Piloten, Flugzeuge unter Wasser, Flugzeuge ohne Flügel usw. Die Serie wurde schließlich lächerlich. Aber ich erinnere mich also an sie und bekomme es mit der Angst zu tun, daß mir der kalte Schweiß ausbricht.

Jetzt geht es um die Wurst. Entweder dies passiert mir jedesmal, wenn ich fliege – und nächste Woche muß ich schon wieder zurück nach Hause fliegen –, oder ich erneuere mein Denken und fülle es mit Gottes Wort. Wie heißt es noch in Johannes 16,33? »Das habe ich mit euch geredet, damit ihr in mir Frieden habt. In der Welt habt ihr Angst; aber seid getrost, ich habe die Welt überwunden.«

»Das ist ja toll, Herr! Du hast die Welt überwunden, Herr. Das heißt doch, daß du alles unter Kontrolle hast. Mein Leben ist nicht in der Hand des Feindes, sondern in deiner.«

Oder Philipper 1,21: »Denn Christus ist mein Leben, und Sterben ist mein Gewinn.«

»Das heißt doch, daß alles in Ordnung ist, wenn die Kiste abstürzt, Herr. Dann kann es doch nur besser werden für mich. Ist doch eigentlich ganz schön, so eine Flugreise. Wo ist der Kaffee?«

Was für eine Angst oder Phobie Sie auch haben, das Prinzip ist immer das gleiche. Wenn die Angstsituation da ist, erinnern Sie sich einfach an Gottes Wort. Wenn nötig, sagen Sie es sich ganz leise vor. Sie werden staunen, wie gut das funktioniert!

Streß, Streß!

Vor ein paar Jahren wurde ich auf einmal sehr krank. Die Ärzte konnten nichts finden; eine Untersuchung nach der anderen brachte kein Ergebnis. Ungefähr ein Jahr war ich krankgeschrieben. Ich fühlte mich elend und allein und hatte den Eindruck, daß keiner mich verstand. Es war ein gefundenes Fressen für den Feind, und mein Denken hätte ein einziges Einfallstor für ihn werden können. Aber ich wehrte mich und fing an, meinen Kopf mit dem Wort Gottes zu füllen.

Gehen Sie noch einen Schritt weiter und geben Sie das, was Sie für Ihre eigene Seele tun, an andere weiter. Sagen Sie ihnen die Bibelstellen, die Ihnen in ihrer konkreten Situation helfen.

Das braucht keine superfromme Tour zu sein. Sie sollen kein Automat sein, der pausenlos Bibelverse über alles und jedes ausspuckt. Sie müssen es nicht manchen Schauspielern nachmachen, die in irgendwelchen Filmen Jesus spielen und dabei wie weggetreten in die Kamera starren und mit tiefer

Stimme salbungsvolle Sätze von sich geben. Nein, sondern wenn jemand sagt: »Ich kann nicht mehr«, dann antworten Sie: »Schau her, das Wort Gottes sagt, daß du alles tun kannst durch Christus, der dir Kraft gibt« (Philipper 4,13).

Wenn jemand sagt: »Ich habe verloren«, sagen Sie: »Gott gibt uns Sieg in Christus« (2. Korinther 2,14).

»Ich habe solche Angst vor dem Teufel.« Nein. »Der in euch ist, ist größer als der, der in der Welt ist« (1. Johannes 4,4).

»Gott liebt mich nicht.« Wie, bitte? »So gibt es nun keine Verdammnis für die, die in Christus Jesus sind« (Römer 8,1).

Sagen Sie sich selbst und Ihren Mitmenschen das Wort Gottes vor. Das ist nicht dasselbe wie »positives Denken« oder die Überlegenheit des Geistes über die Materie; es bedeutet schlicht und einfach, daß Gottes Wort Ihr Denken durchdringt, neue Wege in ihm bahnt und dem Feind Ihrer Seele den Weg versperrt.

6. Gottes Schwert – die Wurzel packen

Wenn wir uns über unsere Waffen in dem geistlichen Kampf kundig machen wollen, schlagen wir gerne Epheser 6 auf. In diesem Abschnitt wird nur eine einzige Angriffswaffe genannt: »das Schwert des Geistes, welches ist das Wort Gottes« (Epheser 6,17).

Ein alter Bekannter, nicht wahr? Genau das, was wir schon im letzten Kapitel behandelt haben. Das Schwert ist eine Kriegswaffe. Man benutzt es, um den Feind anzugreifen. Die Bibel sagt dies sehr eindeutig: Wir greifen den Feind mit dem Wort Gottes an. Wie Jesus, als er in der Wüste vom Satan versucht wurde; sein Denken war damals bereits vom Wort Gottes erfüllt, das nur darauf wartete, eingesetzt zu werden.

Dieses Schwert schneidet durch alles hindurch. Es ist kein Spielzeug, auch keine Verzierung, die man sich an die Wand hängt. Es ist zum Kämpfen da. Es setzt uns in den Stand, die Offensive zu ergreifen. Mit Gottes Wort können wir Festungen niederreißen, die Lügen des Feindes zerstören, unser Denken erneuern und es vor künftigen Angriffen des Teufels wirksam schützen.

Hebräer 4,12 nennt das Wort Gottes »lebendig und kräftig und schärfer als jedes zweischneidige Schwert«. Schauen wir uns einmal die Klinge dieses Schwertes an, die so wichtig zur Erneuerung unseres Denkens ist. Ihre erste Eigenschaft, die uns in diesem Kapitel beschäftigen soll, ist, daß sie zur Wurzel des Problems durchdringt und sie durchschneidet. Die zweite Eigenschaft, die uns in Kapitel 7 beschäftigen wird, ist, daß dieses Schwert den Feind bloßlegt und durchbohrt.

Echt radikal

»Das Wort Gottes ist lebendig und kräftig und schärfer als jedes zweischneidige Schwert, und dringt durch, bis es scheidet Seele und Geist, auch Mark und Bein, und ist ein Richter der Gedanken und Sinne des Herzens« (Hebräer 4,12).

Eine tödliche Waffe, nicht wahr? Sie dringt bis ins Innerste unserer Gedanken und unseres Herzens vor. Echt radikal – sie packt uns an der Wurzel.

Ehrlich gesagt: Viele Christen sehen das Wort Gottes ganz anders. Sie finden es langweilig, irrelevant und grau; sie merken nicht, was für eine unheimliche Macht es hat und wie unbestechlich es das Innere der Herzen bloßlegt.

Oft haben wir, wenn wir anderen Menschen helfen wollen, Probleme, weil wir 1. das Wort Gottes nicht genügend kennen, 2. keine Übung darin haben, das, was wir kennen, in die Praxis umzusetzen, und 3. Angst haben, die Leute vor den Kopf zu stoßen. Wir wollen verständnisvoll, sanft und vor allem nett sein. Wir wollen es mit niemandem verderben.

Aber ein unverbindlicher Plausch, ein paar goldene Worte, eine freundschaftliche Diskussion – so dringt man nicht zur Wurzel eines Problems vor. Dazu braucht es das richtig angewandte Wort Gottes. Das Wort Gottes kann schmerzhaft sein und uns sehr treffen, aber es legt wie nichts anderes unsere Motive bloß.

Wann hat Ihnen das letzte Mal jemand in Gottes Auftrag etwas auf den Kopf zugesagt? Solche Stunden vergißt man nie. Es sind die Augenblicke, wo es uns an unseren Wurzeln packt, wo etwas anders wird in unserem Leben, wo man merkt: »Ich bin gemeint.« So stark können die Worte eines von Gott beauftragten Freundes oder Bekannten sein. Und die Bibel ist noch stärker.

Vier Grundprobleme

Die folgenden vier Grundeinstellungen sind für Menschen mit einem nicht erneuerten Denken besonders typisch: Passivität, Stolz, zu wenig Glaube und zu wenig Treue.

Passivität

Dies ist eine Einstellung des Herzens, die uns lethargisch und träge macht. Der Passive kann sich zu nichts aufraffen und hat chronische Probleme, Ziele im Leben zu erreichen.

Oft wird dieses Problem durch die Macht der Gewohnheit verstärkt. Ich kenne das von mir selber. Wenn man einen Bibelvers oder eine christliche Ermahnung zum zehnten Mal hört, ist die Reaktion oft: *Kennen wir ja alles schon.* Das Wort Gottes dringt nicht mehr in uns ein, sondern prallt gleichsam von uns ab. Menschen mit dieser Passivitätsvariante können richtig apathisch werden, unfähig, sich aufzuraffen und ihr Denken an den Zügel zu nehmen.

Sprüche 24,30-34 malt uns den Acker des Faulenzers vor Augen. Er ist voller Dornen und Unkraut, und seine Mauer ist eingefallen. Dieser Mann ist auf Armut vorprogrammiert.

Kein Wunder, daß der Teufel uns mit allen Tricks daran hindern will, uns Zeit für das Nachdenken über Gottes Wort zu nehmen. Dies ist ein Problem, das fast alle Christen kennen. Wir nehmen unsere Bibel zur Hand – und schwups! fallen uns vier oder fünf Dinge ein, die wir sofort erledigen müssen, weil sie ja sooo dringend sind ... Manchmal ist uns auf einmal der Abwasch wichtiger als die Bibel.

Haben wir dann doch die Bibel aufgeschlagen, beginnt der Kampf um die Konzentration. Wir werden müde und unaufmerksam, die Sätze rauschen an uns vorbei; unsere Augen lesen sie sehr wohl, aber unsere Gedanken sind woanders. Wir sind wie taub geworden für das, was da steht. O ja, wir wissen, daß diese Worte lebendig werden können, daß die zerlesensten Seiten unserer Bibel uns neue Erkenntnisse und neuen Glauben bringen können – aber der Feind unserer

Seele raubt uns dieses Potential, indem er unser Herz schläfrig macht.

Die meisten Menschen und auch Christen leiden an chronischer Apathie. Schauen Sie sich nur einmal Ihre Nachbarn an. Viele von ihnen leben eigentlich gar nicht mehr, sie spulen nur noch ihren Alltag ab. Stellen Sie sich diese Frage: Wieviel von dieser Passivität und Apathie habe ich selber übernommen? Ich habe den Eindruck, daß in nicht wenigen Kirchen und Gemeinden im einst christlichen Abendland Passivität zu einer Art Krebsgeschwulst geworden ist, einem raffinierten Trick des Feindes, damit wir ja nicht die Menschen werden, zu denen Gott uns machen will.

Was ist das Gegenteil von Passivität? Antwort: Leidenschaft. In vielen von uns schlummert eine echte Leidenschaft für Gott und seinen Plan, aber die Passivität legt sich wie ein lähmender Nebel um uns. Und wieder einmal beginnt das Problem oft in der Art, wie wir denken. Woran denken Sie als erstes, wenn Sie morgens aufwachen? Es kann darüber entscheiden, ob dieser Tag das nächste graue Einerlei wird oder ein Tag, an dem etwas geschieht.

Gottes Wort ist eine mächtige Waffe der Leidenschaft. Um eine Festung (eben zum Beispiel die der Passivität) einzunehmen, muß man kämpfen; sie wird nicht von alleine weggehen. Wir müssen kämpfen, ringen, arbeiten, widerstehen – lauter biblische Ausdrücke, die beschreiben, wie wichtig es ist, unsere Passivität abzuschütteln. Ich habe es oft erlebt, wie Christen Schritte taten, um ihre Leidenschaft für Gott wiederzubeleben. Drei Wochen später war alles wieder beim alten. Warum? Als sie in den Nebel der Passivität gerieten, kämpften sie sich nicht durch ihn durch, sondern gaben einfach auf. In der westlichen Welt ist dies ein ganz massives Problem.

Das Leben des Christen ist ein Abenteuer. Wie wollen wir es bestehen, wenn wir passiv und träge sind? Wie oft erlebe ich Christen, die ihre Gaben und ihr Potential brachliegen lassen, weil sie sich zu nichts aufraffen können. Sie sind sich nicht ihrer persönlichen Verantwortung für das, was sie aus

Gottes Wort hören, bewußt, mit dem Ergebnis, daß das Wort Gottes nicht wirklich in ihr Leben und Denken eindringt.

Jesus hat gesagt: »Wem viel gegeben ist, bei dem wird man viel suchen; und wem viel anvertraut ist, von dem wird man um so mehr fordern« (Lukas 12,48). Wir haben heute ganze Bibliotheken und Bibelfreizeiten zur Verfügung, um unseren Glauben zu vertiefen. Wir halten uns gerne für Pioniere im Glauben, für Menschen, die Schritte mit Gott tun, aber die Frage an den Passiven ist: Stimmt das auch? Wir sollten uns nichts vormachen.

Wenn Sie einmal vor Gottes Thron stehen und er Sie fragt: »Was hast du nur aus deinem Familienleben gemacht?«, werden Sie ihm nicht erwidern können, daß Sie nie jemanden hatten, der Sie hätte beraten können; vor allem aber: Sie werden nicht behaupten können, daß Sie Gottes Wort nicht zur Verfügung hatten. Sie können hundert Lebenshilfebücher lesen, Filme anschauen und zu Vorträgen und Predigten gehen, aber die große Frage ist: Hat Gottes Wort Eingang in Ihr Leben gefunden?

Noch einmal zurück zu Lukas 12,48. Wenn dieser Satz gilt, dann gilt auch das Gegenteil: Von ein paar braven Kirchgängern, die jeden Sonntag liberale Theologie von der Kanzel hören, wird nicht sehr viel gefordert werden. Wir sind verantwortlich für das, was wir hören; Nichtstun gilt nicht.

Jesus hat oft den folgenden Satz wiederholt: »Wer Ohren hat, der höre« (Matthäus 13,9). Jedesmal, wenn Sie das Wort Gottes verkündigt hören oder lesen, bitten Sie den Herrn, es in Sie eindringen zu lassen. Sagen Sie sich: »Ich will, daß dies hier bei mir in die Tiefe geht. Ich bin verantwortlich für das, was ich höre und lese.« Die Kirche mag am Sonntag voll sein von Leuten, die nur halb hinhören, aber es sind die, die mit jeder Faser ihres Wesens »hören« und dann »Täter« werden, die das Wort Gottes wirklich aufnehmen. Das bekannte Gleichnis von den Männern, die ihr Haus auf Sand bzw. auf Felsen bauten, vergleicht nicht das Leben des Gläubigen mit dem des Ungläubigen, sondern richtet sich an alle, die Jesus hörten und damit potentielle Jünger waren. Wer Jesu Wort hört und anschließend nichts tut, lebt auf Sand; wer sein Wort hört und anschließend auf sein Leben anwendet, errichtet sein Lebenshaus auf einem festen Fundament.

Nehmen wir ein Beispiel: Eines Sonntagmorgens hören Sie eine starke Predigt über das Geborgensein in der Allmacht Gottes. Sie hören die Worte klar und deutlich – aber davon haben Sie wenig, wenn Sie nicht in dem Rest der Woche den Inhalt dieser Worte auf Ihren Alltag anwenden. Das erste Problem taucht auf, und siehe da, es zeigt sich, ob Sie nur ein Hörer des Wortes Gottes sind, sondern auch ein Täter. Gottes Wort in mein Denken hineinlassen ist etwas sehr Konkretes. Es ist das Gegenteil von Passivität.

Ziehen Sie einen ganz bewußten Schlußstrich unter Ihre innere Trägheit. Wenn das nächste Mal die Sonntagspredigt über ein altbekanntes Thema geht, dann denken Sie *nicht*: »Kenne ich doch alles schon«, sondern sperren Sie Ihre Ohren auf, die äußeren wie die inneren; es könnte sein, daß Gott heute zu Ihnen reden will.

In dem bekannten Gleichnis vom Sämann und vierfachen Ackerfeld geht es darum, wie empfänglich der Boden ist; der Same ist jeweils der gleiche. Das »gute Land« steht für jene Menschen, die sich wieder und wieder Gott öffnen. Die Menge der Ernte hängt von der Empfänglichkeit des Bodens ab.

Stolz

Eine weitere Herzenseinstellung, die zu einem falschen Denken führt, ist der Stolz. Petrus schreibt: »Alle aber begegnet einander in Demut!« (1. Petrus 5,5 Einheitsübers.). Wir brauchen diese Demut, weil wir das Wort Gottes immer wieder hören, und wir können es nur aufnehmen und uns von ihm verändern lassen, wenn wir demütig sind.

Es ist unmöglich, Menschen zu belehren, die stolz sind, und dies hauptsächlich aus drei Gründen:

1. Stolze Menschen sind voreingenommen. Sie »wissen« schon längst, was sie glauben oder nicht glauben. Sie denken sich: »Spar dir deine Worte, meine Meinung steht fest.«
2. Stolze Menschen sind anmaßend. Sie gehen davon aus, daß sie die Weisheit mit Löffeln gegessen haben. Ihr Motto ist: »Danke, ich weiß schon Bescheid, du kannst mir nichts Neues bieten, und so viel Erfahrung wie du habe ich schon lange.«
3. Stolze Menschen hören nicht zu. Entweder sie schalten selbstgefällig ab, wenn der andere mit ihnen redet, oder sie sitzen sprungbereit da, um sich bei dem ersten »Fehler« auf ihn zu stürzen. Sie wissen schon im voraus, was er als nächstes sagen wird, und oft hören sie Dinge, die er gar nicht sagt.

Kennen Sie auch solche Leute? Bestimmt. Aber die wichtigere Frage lautet: Erkennen Sie sich hier vielleicht selber wieder?

Seien Sie demütig, öffnen Sie sich, seien Sie ein guter Akkerboden, wenn Sie Gottes Wort hören oder lesen.

In den Sprüchen Salomos erscheint in der Lutherübersetzung mehrfach der Ausdruck »neige dein Ohr« (vgl. 4,20; 5,1; 22,17). Modernere Übersetzungen bringen Umschreibungen wie »achte auf meine Worte«. Ich hätte da eine kleine Übung für Sie: Versuchen Sie einmal, Ihre Ohren zu neigen, ohne den Kopf dabei zu bewegen. Ich garantiere Ihnen, daß es nicht geht. Sie müssen Ihren ganzen Kopf neigen, um Ihre Ohren zu neigen, d. h. Sie müssen eine Geste der Unterordnung unter einen Höheren ausführen.

In diesen Versen aus den Sprüchen Salomos steht also etwas sehr Tiefes: daß man ein demütiges Herz braucht, um richtig hören zu können.

Wir haben zwei Möglichkeiten, wenn wir Gottes Wort lesen. Entweder wir lassen die altbekannten Worte mit den mal schönen, mal markigen Formulierungen an uns vorbeirauschen oder wir setzen uns hin, krempeln die inneren Ärmel hoch und vertiefen uns in das, was Gott uns da sagen will:

Was bedeutet dies hier für mich, hier und jetzt? Was muß sich bei mir ändern?

Ein demütiges Lesen der Bibel ist eine wichtige Übung in unserem stolzen, hochmütigen und angeblich so »aufgeklärten« Zeitalter. Der Anpassungsdruck unserer Kultur ist enorm. Wenn wir diesem Druck nachgeben, werden wir große Probleme haben, Gottes Wort demütig anzunehmen.

Zu wenig Glaube

Die Botschaft Gottes, die die Israeliten auf ihrer Wüstenwanderung hörten, war für die meisten unter ihnen ohne Wert, weil es ihnen an Glauben fehlte (Hebräer 4,2). Wir können das Wort Gottes hören, ja sogar aufmerksam hören, aber solange in unseren Herzen kein Glaube ist, wird es Schall und Rauch bleiben. Ohne Glauben kann das Wort Gottes nicht fruchtbar in uns werden.

Wir können noch so viel über Zeichen und Wunder hören – sie werden bloße Notizen auf einem Blatt Papier, Worte auf einem Tonband oder Buchstaben in einem Buch bleiben, wenn tief in unserem Herzen kein Glaube ist. Wir müssen das, was Gott uns sagt, als die Wahrheit aufnehmen, es in unser Denken eindringen lassen und dort mit Glauben vereinigen, sonst bleibt es eine trockene Sammlung von Versen, die nichts mit unserem Leben zu tun haben, und sein Potential verpufft ungenutzt.

Zu wenig Treue

Eine vierte innere Barriere gegen das richtige Hören des Wortes Gottes ist ein Mangel an Treue.

In Apostelgeschichte 2,42 heißt es: »Sie blieben aber beständig in der Lehre der Apostel und in der Gemeinschaft und im Brotbrechen und im Gebet.« Es kann sein, daß das Wort Gottes unsere Passivität und unseren Stolz, ja sogar unseren Kleinglauben durchbricht, aber eine letzte Barriere bleibt oft: ein Mangel an Beharrlichkeit, an Treue. »Sie blieben aber beständig ...« heißt es in Apostelgeschichte 2,42 (Einheitsübers.: »Sie hielten fest«, Menge: »hielten treu fest«).

Wir müssen uns dem, was Gott uns gezeigt hat, ohne jedes Wenn und Aber öffnen. Wenn er mir gezeigt hat, daß ich zu wenig Glauben habe, muß ich beginnen, meinen Glauben aufzubauen, indem ich entsprechende Bücher lese, Predigten höre und Menschen, die bereits einen starken Glauben habe, anzapfe, von ihnen lerne und ihrem Beispiel folge. Ich habe eine Aufgabe, und die lautet, mehr Glauben in mein Leben hineinzubekommen.

Wenn ich diese Einstellung habe, kann ich mich nicht mehr passiv durchs Leben treiben lassen. Es genügt mir nicht mehr, zu sagen: »Ich denke ja über den Glauben nach, gestern habe ich sogar zehn Minuten darüber meditiert.« Nein, wir müssen uns dem Wort Gottes regelrecht hingeben.

In 1. Thessalonicher 5,6 ermahnt Paulus uns, nicht zu schlafen wie die anderen, sondern wachsam und nüchtern zu sein. Und den jungen Timotheus weist er an, seine Gaben treu einzusetzen, damit alle sehen, welche Fortschritte er macht (1. Timotheus 4,15).

Unser Leben ist zu kurz, um es in Passivität, Stolz, Kleinglauben und Unbeständigkeit an sich vorbeiziehen zu lassen. Gottes Wort ist wie ein Schwert. Es ist eine Angriffswaffe. Seien Sie der erste, der sich von ihm angreifen läßt. Lassen Sie es in Ihr Innerstes hineinschneiden und aufdecken, wo Ihr Leben anders werden muß.

7. Das Schwert – den Feind angreifen

Wir sind jetzt in das Zentrum des Kampfes um unser Denken vorgedrungen. Wir haben gesehen, daß Gottes Wort ein Schwert ist, das unsere innerste Herzenseinstellung bloßlegen und verändern kann. Wo wir ihm nicht erlauben, dies zu tun, werden wir über unser Herz stolpern und Niederlagen erleiden.

Aber das Schwert ist auch eine Angriffswaffe gegen den Feind. Mit ihm können wir die Lügen des Satans abweisen. Wir erinnern uns: Es geht nicht nur darum, die falschen Gedanken zu vermeiden, sondern auch, sie durch das Wort Gottes und das, was es über uns sagt, zu ersetzen.

Wenn wir Gottes Wort in uns aufgenommen haben, wenn es unser Denken durchdrungen hat und unser Herz auf Gottes Geist ausgerichtet ist, dann hat der Teufel ein Problem. Er rückt an, um das Territorium wiederzuerobern, das er schon einmal besetzt hielt, und was findet er? Gottes Wort, das ihm wie ein Schwert entgegenblitzt. Wohin er sich auch dreht und wendet, es blitzen immer neue Schwerter auf, bereit, ihn zu durchbohren.

Das Schwert des Wortes Gottes ist in Ihrem Inneren. Es ist eine Angriffswaffe, mit der Sie die Lügen des Feindes zerstören und ihn ganz und gar bloßstellen können. Der Feind ist entthront, und wir haben Christi Sinn. Der Teufel hat uns nicht mehr im Griff; wir sind unserem alten Ich gestorben und haben in Christus – wenn auch noch verborgen – das ewige Leben (Kolosser 3,3). Das ist wunderbar, aber der Teufel wird uns wieder und wieder angreifen mit der einzigen Waffe, die er hat. Schauen wir uns diese Waffe genauer an. Es ist die Versuchung.

Der Angriff, der von draußen kommt

Der Feind unserer Seele besitzt keine Stützpunkte in Ihrem Herzen. Jesus hat ihn hinausgeworfen. Wir sind »in Christus«. In Epheser 1,4-14 erscheint fünfmal der Ausdruck »in ihm«. Wir sind von dem Machtbereich des Satans ins Reich Christi versetzt worden. In ihm hat Gott uns vor Grundlegung der Welt erwählt, um »heilig und untadelig vor ihm« zu sein (Epheser 1,4). Durch Gottes unerhört große Gnade haben wir in Christus die Erlösung und die Vergebung (1,7). In ihm sind wir zu Erben eingesetzt und vorherbestimmt, zum Lob seiner Herrlichkeit (1,11-12). In Christus sind wir mit dem Heiligen Geist versiegelt worden (1,13).

Wir sind nicht heimatlos; wir sind in Christus. Er beschützt uns, er gibt uns Kraft mit seinem Heiligen Geist. Der Teufel hat keinerlei Rechte oder Autorität mehr über mich oder mein Denken. Er ist nicht mehr mein Herr; er sitzt weit draußen, mit seiner einen Waffe, und lauert auf Gelegenheiten, mein Radar zu unterfliegen und mich mit seinen Lügen auszutricksen.

Was der Teufel will

Sein großes Ziel: verlorenes Territorium zurückerobern. Er will seine Versuchungen benutzen, um einen Brückenkopf in Ihrem Denken zu errichten und es zurück in seinen Griff zu bekommen.

Im Visier

Der Teufel ist zu Ihnen geflogen. Jetzt schwebt er wie ein Hubschrauber über Ihrem Denken und setzt seine Bordkanone ein – die Versuchung. Versuchungen beginnen mit einem Gedanken in Ihrem Kopf. Unser Denken ist sein großes Einfallstor, und wenn er bei uns leichtes Spiel hat, dann deswegen, weil wir es noch nicht gelernt haben, wie man mit Versuchungsgedanken umgeht. Es gibt Gebiete in unserem Denken, wo das Schwert des Wortes Gottes nicht verteidigungsbereit auf den Feind gerichtet ist.

Das Ergebnis

Das Ziel des Teufels ist, daß Sie sich zum Sündigen verlocken lassen. Er beginnt vielleicht mit einem ganz kleinen Gedanken und der Lüge, daß dieser Gedanke gut für Sie ist, den Streß weniger macht, Erfolg bringt, prickelnd ist oder was auch immer – aber das Endergebnis ist Sünde in Ihrem Leben.

Jakobus schreibt: »Ein jeder, der versucht wird, wird von seinen eigenen Begierden gereizt und gelockt. Danach, wenn die Begierde empfangen hat, gebiert sie die Sünde; die Sünde aber, wenn sie vollendet ist, gebiert den Tod« (Jakobus 1,14-15).

Diese Verse zeigen uns, daß Jakobus, wie auch Paulus in Römer 6,11-12, eine radikale Sicht vom Leben des Christen hat, die man nicht sehr oft hört: Wir müssen nicht sündigen! Das normale Christenleben sollte ein Leben mit Gott sein, in welchem Sünden Unfälle, aber nicht die Norm sind.

Johannes schreibt: »Wenn wir aber unsre Sünden bekennen, so ist er treu und gerecht, daß er uns die Sünden vergibt und reinigt uns von aller Ungerechtigkeit« (1. Johannes 1,9).

Die Bibel ist eindeutig: Wir können immer wieder vor den Gnadenthron treten und völlige Vergebung empfangen. Das Problem ist, daß so viele Christen ein Leben der ständigen Niederlagen leben. Unaufhörlich dreht sich der Kreisel: Sünde, Bekennen der Sünde, Vergebung, Sünde, Bekennen usw. usw. Doch, wir haben einen Gott, der vergibt, und er vergibt immer wieder. Das Opfer, das Jesus am Kreuz brachte, reicht für alle Sünden, die wir je begehen können, aus. Aber der Teufel hat einen Brückenkopf, einen Landeplatz in Ihrem Denken, der es ihm ermöglicht, immer wieder seine eine Waffe, die Versuchung, erfolgreich einzusetzen.

Gott will, daß wir ständig, ununterbrochen mit ihm leben. Das weiß der Feind, und seine Strategie ist, diese unsere Gemeinschaft mit Gott so oft zu unterbrechen wie er kann. Er tut dies dadurch, daß er uns so oft wie möglich zum Sündigen versucht. Auf diese Weise kann er erreichen, daß wir in einem Zustand der Unreife, der Selbstverdammung, des Versagens bleiben und den Segen, den Gott für uns bereit hat, nicht voll erfahren.

Was ist Versuchung eigentlich?

Wir haben gesehen, wie der Feind seine Waffe einsetzt; betrachten wir jetzt die Waffe selber etwas genauer. Dies ist sehr wichtig, denn es wird uns helfen, unser Schwert besser einzusetzen.

Versuchung ist schön

Der Teufel hat nichts davon, wenn er uns mit Gedanken versucht, die wir böse oder widerwärtig finden. Einer solchen Versuchung würden wir wohl kaum erliegen. Es ist erstaunlich, wie viele Menschen diese simple Tatsache übersehen. Der Köder, den der Satan uns hinwirft, muß etwas Attraktives haben. Er sieht zum Beispiel »wahr« oder »gerecht« aus: Ist es nicht mein gutes Recht, es meinem nörgelnden Nachbarn heimzuzahlen? Oder er wirbt mit dem Kitzel des Vergnügens; was auf dieses Vergnügen an Elend oder Strafe folgen kann, verschweigt er wohlweislich.

Die Bibel weiß darum, was für ein Lügner und Betrüger der Teufel ist. Hebräer 11,25 informiert uns, daß Mose lieber zu den Israeliten ging, als für eine kurze Zeit die Freuden der Sünde zu genießen.

Wenn wir jedesmal, wenn wir versucht werden, einen Stromschlag bekämen, wir würden Versuchungen gar nicht mögen. Das weiß der Teufel natürlich, und so versucht er es auf die nette Tour. Was unter anderem bedeutet, daß unser *Gefühl* ein schlechter Maßstab dafür ist, ob etwas eine Versuchung ist oder nicht. Was wir brauchen, ist der Maßstab des Wortes Gottes.

Ein klassisches biblisches Beispiel dafür, in welchem Gewand die Versuchung daherkommt, ist Jesu Versuchung in der Wüste (Lukas 4,1-13). Der Teufel bietet ihm eine genial erscheinende Möglichkeit, seinen Hunger zu stillen. Es war ein sehr attraktives Angebot – aber nur für den Augenblick.

Versuchung ist nicht Sünde

Eine weitere wichtige Wahrheit über die Versuchung, die wir unbedingt kennen sollten, ist diese: Eine Versuchung haben ist noch nicht dasselbe wie sündigen.

Manche Christen sind halb verzweifelt, weil sie so oft versucht werden. Aber im Hebräerbrief erfahren wir, daß auch Jesus versucht wurde, und zwar nicht nur in jener Szene, als nach seiner Taufe im Jordan der Teufel in der Wüste zu ihm trat. Jesus wurde in *allen* Bereichen des Lebens versucht, und es ist sehr wichtig, daß wir das begreifen.

In Hebräer 4,15 lesen wir, daß Jesus »in allem« wie wir versucht wurde, aber nie sündigte. Das bedeutet: Jesus kennt Ihre Versuchungen. Sein ganzes Leben lang wurde er von den Lügen des Feindes bombardiert, aber kein einziges Mal erlag er einer Versuchung. Er schaffte das, was Adam nicht gelang – ein Leben ohne Sünde –, was ihn zum zweiten, siegreichen Adam machte.

In Hebräer 2,18 steht, daß Jesus versucht wurde und daß dies Leiden für ihn bedeutete. Die Versuchungen prallten nicht alle harmlos von ihm ab, ohne daß er sie überhaupt bemerkte. Auch er mußte den Prozeß des Erkennens und des Bewältigens der Versuchung durchleiden. Auch er war dem Trommelfeuer des Feindes gegen alles, was gut und gottgefällig ist, ausgesetzt.

Werden wir uns über folgendes klar: Wenn der Teufel uns einen Gedanken in den Kopf schickt, ist damit noch nichts passiert. Nehmen wir an, ich mache gerade eine Diät und sehe bei meinem Gang durch den Supermarkt das Süßigkeitenregal. Schon kommt er, der Versuchungsgedanke: Wie wäre es mit der Nußschokolade da? Oder vielleicht lieber eine Schachtel Weinbrandbohnen? Mmh, ich kann sie fast schon schmecken ...

Das ist eine Versuchung. Die Frage ist, was ich mit ihr mache. Wenn ich sie in meinem Kopf behaglich hin- und herdrehe, daß mir das Wasser im Mund zusammenläuft, kriege ich ein Problem. Noch eine Sekunde, und ich pfeife auf meine Diät und finde zehn Gründe, warum ich mir diese eine Schokolade doch ohne Not leisten kann.

Ist es erst einmal so weit, tragen meine Beine mich wie von selber zu dem Regal hin, meine Hand streckt sich aus, und der Besitzer der Hand (bin das wirklich ich?) nimmt die Schokoladenpackung und legt sie in den Warenkorb. Kurze Zeit danach ist die Schokoladentafel bedenklich geschrumpft, ich wische mir verstohlen den Mund ab und mein Gewissen beginnt zu rebellieren.

So läuft er ab, der Prozeß des Eingehens auf eine Versuchung. Ich lasse die Versuchung in mein Denken hinein, und schon wird das Denken zur Tat. Aber der Ursprungsgedanke war noch keine Sünde, sondern lediglich eine Versuchung – genauer gesagt: eine Versuchung, der ich hätte widerstehen können.

Versuchung geht nie weg

Ein Weiteres, was wir über das Wesen der Versuchung verstehen müssen, ist, daß sie nie weggeht. Wenn Sie denken, daß Sie eines Tages ein versuchungsfreies Leben führen können, wo der Teufel Sie nicht mehr belästigt, dann denken Sie falsch. Es gibt in diesem irdischen Leben keinen versuchungsfreien Zustand.

Es gibt Christen, die denken, daß Jesus nach seiner Versuchung in der Wüste den Rest seines irdischen Lebens in einer Art heiliger Trance verbrachte. Doch wenn wir die Bibel studieren, sehen wir, daß er immer wieder Versuchungen ausgesetzt war. Wieder und wieder kam der Feind zurück.

Nehmen wir nur die Szene im Garten Gethsemane. Hier mußte Jesus durch einen Versuchungskampf hindurch, der buchstäblich bis aufs Blut ging. Als sein Erlösungsweg seinem Höhepunkt zuging und das Kreuz mit seinem furchtbaren Leiden unmittelbar vor ihm lag, stand auf einmal die Versuchung vor ihm, dem Leiden auszuweichen und Gottes Plan nicht zu erfüllen.

Die Beschreibung in Lukas 22,39-46 ist sehr eindrücklich. Auch Jesu Jünger sollten noch viele Versuchungen erfahren.

Wir werden sie vor dem Tod nicht erleben, die versuchungsfreie Zone. Die Stärke der Versuchung mag natürlich wechseln. Mal kommt sie mit voller Kraft (besonders wenn wir so unvorsichtig sind und uns direkt in ihre Schußlinie begeben), mal macht sie uns relativ wenig zu schaffen (z. B. in Bereichen, wo wir stark sind). Doch eines ist sicher: Wir müssen ständig in Bereitschaft sein, denn der Teufel wird sie nie aufgeben, seine Versuche, das Leben, das Gott uns gebracht hat, zu zerstören.

Hier einige Beispiele dafür, wie der Teufel uns zu Fall zu bringen versucht:

- 2. Korinther 2,10-11: Der nachtragende Christ, der nicht vergeben kann / will.
- Galater 6,1: Angriff auf den Christen, der einen Bruder zurechtzubringen versucht.
- 1. Timotheus 3,7: Üble Nachrede.
- 2. Petrus 3,17: Sich von anderen Menschen vom Glauben abbringen lassen.

Der Krieg mit der Versuchung kennt keinen Waffenstillstand. Manche jüngeren Christen bilden sich ein, daß alles leichter wird, wenn sie erst einmal älter geworden sind. Es entsteht das idyllische Bild des sechzigjährigen Frommen, der kaum noch weiß, was eine sexuelle Versuchung ist. Noch verstärkt wird dies durch das Gerede der Älteren über den Streß, dem die heutige jüngere Generation ausgesetzt ist und wieviel einfacher das Christsein doch früher war.

Dies ist Unsinn. Das Fahrwasser wird nicht ruhiger, wenn wir fünfzig werden. Der Versuchungskrieg geht weiter. Die Taktik des Feindes mag anders werden – raffinierter, indirekter, weniger dick aufgetragen –, aber der Krieg geht weiter.

Paulus hat nicht umsonst geschrieben: »Darum, wer meint, er stehe, mag zusehen, daß er nicht falle« (1. Korinther 10,12).

Die Versuchung wird uns unser ganzes Leben lang begleiten. Darauf müssen wir uns einrichten. Wie machen wir das am besten?

Angriff ist die beste Verteidigung

Wir wissen jetzt, wie Versuchung funktioniert. Wir haben ferner gelernt, daß Versuchung noch nicht dasselbe wie Sünde ist und daß sie uns unser ganzes Leben hindurch begleiten wird.

Nun ist es Zeit für den Gegenangriff. Wie es ganz richtig heißt: Angriff ist die beste Verteidigung. Wir haben uns darüber informiert, wie der Feind angreift und wie seine Waffe funktioniert. Jetzt können wir unsere Gegenoffensive starten.

Der zweite Gedanke

In 1. Korinther 10,13 steht ein Schlüsselvers, der uns zu dem ersten Schachzug des Gegenangriffs hinführt. Der erste Teil des Verses lautet: »Bisher hat euch noch keine Versuchung betroffen, die menschliche Kräfte überstiege« (Viebahn).

Manchmal haben wir ja den Eindruck, daß unsere Lage schier hoffnungslos ist. Niemand ist je so versucht worden wie wir – so heftig, so raffiniert, so unerwartet, so hartnäckig.

»Wenn du nur wüßtest«, heißt es dann. Oder: »Keiner weiß, was ich durchmachen muß.«

Dergleichen Sprüche sind eigentlich eine Mischung aus Selbstmitleid und Überheblichkeit. Glauben wir vielleicht, daß wir die einzigen Menschen auf der Welt sind? Tatsache ist, daß es täglich Hunderte und Tausende Menschen gibt, die die gleiche Versuchung durchmachen.

Aber 1. Korinther 10,13 geht weiter: »Und Gott ist ja treu: Er wird niemals zulassen, daß ihr über eure Kraft auf die Probe gestellt werdet« (Viebahn).

Das nenne ich Gnade! Es gibt keine Versuchung, mit der wir nicht fertig werden könnten. Was für eine gute Nachricht – aber auch eine ernste, denn sie stopft uns die Schlupflöcher der Ausreden zu. Wir können nicht sagen: »Es ist aussichtslos, ich schaffe das nicht.« Wir können uns nicht damit herausreden, daß wir halt nicht stark genug waren. Gottes Wort sagt Ihnen und mir: Du kannst der Versuchung widerstehen!

Und nun der dritte Satz in 1. Korinther 10,13. Er öffnet uns die Tür zum Gegenangriff: Gott »wird zugleich mit der Versuchung auch den Ausweg schaffen, so daß ihr sie ertragen und siegreich bestehen könnt« (Viebahn).

Mit jeder Versuchung kommt ein Ausweg, eine Möglichkeit, sie zu bestehen. Das verspricht uns Gott. Es wird immer einen solchen Ausweg geben. Nicht *manchmal* oder *oft*, sondern *immer*.

Wie erkennen wir diesen Ausweg? Wenn wir den Angriff des Satans abwehren wollen, müssen wir ja den Ausweg aus der Versuchung erkennen und wahrnehmen.

Meine Erfahrung ist dies: Dem eigentlichen Versuchungsgedanken auf den Fersen folgt ein zweiter Gedanke. Es ist die Stimme unseres Gewissens, das durch Christus wieder lebendig geworden ist und das ruft: »Nein! Tu's nicht!«

Wenn Ihr Denken täglich von Gottes Wahrheit erneuert und mit seinem Wort gefüllt wird, dann ist jedesmal, wenn eine Versuchung kommt, sofort das Wort Gottes da, um Sie an die Wahrheit zu erinnern: »Das hier ist nicht recht, das ist eine Falle, eine Lüge. Tu sofort das und das.«

Sie sind zum Beispiel in einem Gespräch, in dem die anderen anfangen, über Ihren Nachbarn herzuziehen. Sie spüren die Versuchung, sich an dem Klatsch zu beteiligen, aber schon kommt der zweite Gedanke: »Nein! Sieh zu, daß du hier wegkommst, ehe du da mitmachst!«

Ja, so einfach kann das sein. Geh weg, geh auf die andere Straßenseite, leg auf – lauter Fluchtwege, damit aus der Versuchung keine Sünde wird. Diese Fluchtwege sind ganz praktisch und konkret. Der zweite Gedanke ruft uns zur sofortigen Aktion auf, er verrät uns den ersten Schachzug eines erfolgreichen Gegenangriffs.

Er ist ebenso einfach wie direkt, der Ratschlag in 2. Timotheus 2,22: »Flieh vor den Begierden der Jugend; strebe unermüdlich nach Gerechtigkeit, Glauben, Liebe und Frieden, zusammen mit all denen, die den Herrn aus reinem Herzen anrufen« (Einheitsübers.).

Man beachte, was hier *nicht* steht. Hier steht nicht: »Halte den Begierden Bibelverse vor«. Auch nicht: »Denke darüber nach, ob diese Begierden berechtigt sind.« Sondern: »Flieh, lauf weg, hau ab!«

Ein anderes Beispiel: Sie haben sich gerade Ihr Lieblingsprogramm im Fernsehen angeschaut und bleiben noch einen Augenblick sitzen, um zu sehen, was als nächstes kommt. Der Film beginnt, und Sie merken, daß er ins Pornographische geht. Was machen Sie?

Bibelverse zitieren? Eine christliche Zeitschrift vor den Bildschirm halten? Hoffen, daß der Film bald zu Ende ist? Sich schon mal überlegen, was Sie Ihrem Seelsorger in der Beichte sagen werden?

Ich garantiere Ihnen, daß nichts dergleichen Ihr zweiter Gedanke sein wird. Vielleicht Ihr dritter oder vierter, aber nicht der zweite! Ich will Ihnen sagen, was der zweite Gedanke ist, und zwar langsam und Schritt für Schritt, damit Sie auch mitkommen.

Als erstes sprechen Sie mit sich selber. Sie sagen sich: »Steh von diesem Sessel auf.« Befehlen Sie Ihrem linken Bein, den Fuß nach vorne zu bewegen, dann dem rechten, dann wieder dem linken usw. Wiederholen Sie dies, bis Sie vor dem Fernseher stehen. Und jetzt kommt das Schwierige. Befehlen Sie Ihrer rechten Hand, wenn Sie Rechtshänder sind bzw. der linken, wenn Sie Linkshänder sind, sich auf den Ein / Aus-Schalter zuzubewegen und diesen auf »Aus« zu drehen bzw. zu drücken. Fertig. Der Fernseher ist aus, die Versuchung ist zu Ende.

Die meisten von uns besitzen natürlich längst jenes Wunderding, das man »Fernbedienung« nennt und das, wie mir scheint, speziell für Versuchungssituationen wie die oben beschriebene entwickelt wurde. Wenn Sie so ein Ding besitzen, können Sie sich den Weg zum Aus-Schalter ersparen. Drükken Sie einfach den Aus-Knopf auf Ihrer Fernbedienung, und der Bildschirm wird schwarz! Versuchungsbewältigung per Fernbedienung – wunderbar! Wir können flüchten, ohne auch nur aufzustehen!

Zwei Beispiele aus der Bibel

Beim Thema »sexuelle Versuchung« ist ein Vergleich zwischen Josef und David sehr aufschlußreich.

David stand auf der Dachterrasse seines Palastes und sah einer Frau beim Baden zu. Wer so etwas tut, bekommt früher oder später etwas zu sehen. Unsere Augen sind mächtige Werkzeuge; was wir mit ihnen sehen, wirkt auf unseren Körper, unsere Persönlichkeit, unser Denken. David sah die nackte Batseba. Dies war der Augenblick für den zweiten Gedanken, wenn das Gewissen sagt: »Flieh!« Aber David blieb. Er betrachtete diese Frau, dann erkundigte er sich über sie, dann ließ er sie kommen – und bald kam die Vertuschungsoperation, komplett mit Mord, und eine Narbe für den Rest seines Lebens (vgl. 2. Samuel 11).

Josef hatte auch ein Problem mit einer Frau. Sie war die Ehefrau seines Arbeitgebers Potifar, und sie war sexuell hinter ihm her. Eines Tages deichselte sie es so, daß sie allein mit ihm war. Sie muß alle Register ihrer Verführungskunst gezogen haben, als sie ihm zum x-tenmal ihren unzweideutigen

Antrag machte. Was tat Josef? Sagte er: »Hm, da muß ich drüber nachdenken. Vielleicht kann ich mich besser entscheiden, wenn ich eine Tasse Kaffee mit ihr trinke«? Nein. Die Bibel berichtet uns, daß er buchstäblich aus dem Haus rannte. Er befolgte seinen zweiten Gedanken und meisterte die Krise (1. Mose 39).

Brechen Sie den Kreis der Gewohnheit

Oft ziehen wir es vor, den Fluchtweg aus der Versuchung zu ignorieren und ihr statt dessen zu erliegen. Die meisten unserer Sünden sind nicht einmalige Zwischenfälle, sondern gewohnheitsmäßig. Wir müssen diesen Kreislauf der Gewohnheit, den Teufelskreis der immer neuen Versuchung und Sünde, brechen, und wir tun dies, indem wir von der fertigen Sünde zurückgehen zu dem ersten Versuchungsgedanken, der die Sünde auslöste. Dort, an diesem Ausgangspunkt, finden wir die Tür zur Flucht und zum Gegenangriff, der den Feind besiegt.

Aufgrund dieser Zusammenhänge sind viele der Meinung, daß es immer möglich ist, frei zu werden, egal, wie meine Vergangenheit (und damit Gegenwart) aussieht. Da hat ein Christ seit Jahren ein Pornographie-Problem. Wie ist es zu den sündigen Gedanken in ihm gekommen? Was war der Auslöser? Eine besondere Begebenheit? Ein Bild? Eine Person? Der Pornographiesüchtige muß diese alten Gedanken aufspüren und durch neue, gesunde Gedanken ersetzen. Paulus schreibt: »Was wahrhaftig ist, was ehrbar, was gerecht, was rein, was liebenswert, was einen guten Ruf hat, sei es eine Tugend, sei es ein Lob – darauf seid bedacht!« (Philipper 4,8). Es geschieht alles in unserem Gedankenleben. Wir drücken die negativen Bilder aus unserem Kopf hinaus, indem wir sie durch positive ersetzen. Dieses Prinzip gilt für jede Gewohnheitssünde – Sexsucht, Homosexualität, Haßgedanken, Gier, was auch immer. Jedesmal, wenn Sie versucht werden, einen sündigen Gedanken zu denken, ersetzen Sie ihn sofort durch einen guten; tun Sie dies immer wieder, und Ihr Denken wird nach und nach umgebaut.

Lassen Sie Gottes Wort reichlich in Ihnen wohnen, lassen Sie es sich in Fleisch und Blut übergehen. Es ist Ihr Schwert für den Gegenangriff, der Wecker des Gewissens, der große Lügendetektor. Jedesmal, wenn der Satan Sie anlügt mit Ihren Ängsten und Ihrem Streß oder mit der kurzlebigen Freude der Sünde, halten Sie ihm die Wahrheit des Wortes Gottes vor und stoßen Sie zu – sofort!

8. Lassen Sie Gott an Ihnen arbeiten

Wir haben also unseren Gegenangriff gestartet, indem wir das Schwert des Wortes Gottes benutzten, wir haben auf die Stimme unseres wiedererwachten Gewissens gehört. Aber, wie wir bereits sahen, dies reicht nicht aus, um den Krieg zu gewinnen. Wir müssen das gewonnene Gefecht ausnutzen, um eine solide Basis zu bauen. Wir können nicht einfach das Schwert wieder sinken lassen und mit halbleerem Kopf im Niemandsland herumstehen; so werden wir den nächsten Angriff des Feindes – und der kommt bestimmt – nicht bestehen.

Gott will, daß wir erfüllt sind, und nicht leer. Leider haben manche Christen gerade deswegen Probleme, weil ihr Kopf leer ist. Wir können nicht viel Erfolg im Kampf gegen den Teufel erwarten, wenn unsere Gedanken ein Vakuum sind. Wie gesagt: Wie der Mensch denkt, so ist er. Kopf leer, alles leer ...

Der Siegeszug des Fernsehens beruht unter anderem darauf, daß so viele Menschen es genießen, nicht selber denken zu müssen. Unsere Gesellschaft ist immer mehr im Griff des Bildschirms, weil die Menschen Feierabend mit Fernsehen gleichsetzen. Die Statistiken darüber, wie viele Stunden bereits Kinder fernsehen, sind erschreckend. Wir haben oben gesehen, wie das moralische Klima der Seifenopern und Serien unsere Vorstellungen von Gut und Böse zu ändern beginnt.

Und es geht ja nicht nur um die Spielfilmserien. Wenn der prominente Wissenschaftler XY uns mit schönen Bildern zeigt, wie die heutige Erde und ihre Pflanzen und Tiere das Ergebnis von Jahrmillionen der Evolution sind, dann ist damit für die große Mehrheit der Fernsehkonsumenten die Sache entschieden. Die Evolutionslehre hat recht, Ende der Debatte – was im Fernsehen kommt, muß wahr sein.

Nicht viel besser ist es manchmal mit dem Radio. Apparat einschalten, Gehirn abschalten. Auch Diskjockeys haben ihre Weltanschauung und ihre Werte, und wenn wir uns von ihnen berieseln lassen, übernehmen wir sie womöglich, ohne es zu merken. Es ist immer wieder das gleiche Bild: Wir überlassen das Denken den Medien und kommen gar nicht auf die Idee, ihre Werte oder Argumente zu hinterfragen.

Fragen Sie einmal einen Lehrer, und er wird Ihnen sagen, wie weit verbreitet diese Einstellung bei unseren Kindern ist. Mehr und mehr Schüler sind schier unfähig zu der Frage »Warum?«. Sie können mit enormer Geschwindigkeit ihren Computer bedienen, aber im selbständigen Denken sind sie die reinsten Säuglinge.

Aus der Perspektive des Filmschauspielers oder Radiosprechers mögen die Medien eine anregende, kreative, den ganzen Einsatz fordernde Sache sein; für den Konsumenten, der mit leerem Gehirn passiv vor dem Kasten sitzt, sind sie potentiell tödlich. Wie wollen wir unser Denken erneuern, wenn wir alles, was auf den Bildschirm kommt, kritiklos schlucken?

Es geht hier nicht um unseren Intelligenzquotienten, sondern schlicht darum, das Leben, das Gott für uns als Christen bereit hat, zu ergreifen und zu nutzen. Weil wir wiedergeboren sind, weil wir Frieden mit Gott haben, weil wir jetzt einen Sinn und ein Ziel im Leben haben, sollten wir unsere Zeit nicht damit vergeuden, uns ziellos zu zerstreuen und berieseln zu lassen. Stellen Sie sich einmal die Frage: »Wie kreativ bin ich eigentlich?«

Es gibt Teenager, deren Leben aus Computerspielen und Fernsehen besteht. Nach fünf Minuten haben sie nichts mehr zu sagen. Nicht, weil sie von der schweigsamen Sorte wären, sondern weil sie innerlich abgestumpft sind. Aber dergleichen passiert mitnichten nur Teenagern; man findet es auf allen Altersstufen.

Mal ganz ehrlich: Wie ist das bei Ihnen? Sind Sie da anders?

Unsere Kirchen und Gemeinden sollten Zentren der Kreativität sein. Und der Gastfreundschaft und des Dienstes. Christen sollten Menschen sein, die alles herausholen, was in ihnen steckt, ja mehr als in ihnen steckt. Verwirklichen Sie Ihr volles Potential in Christus!

Vielen von uns würde es guttun, mehr zu lesen. Uninformierte Christen sind die größten Langweiler. Es gibt Gläubige, die haben vor ihrer Bekehrung mehr Bücher gelesen als hinterher; jetzt sind sie gerade so matt und gesichtslos wie der Rest der Welt. Gott hat Ihnen die Fähigkeit gegeben, zu denken und zu träumen und dieser Kreativität Ausdruck zu geben. Lassen Sie diese Fähigkeit nicht länger brachliegen.

Nutze dein Potential!

Also ran an die Arbeit! Wie können wir mit unserem Denken Schritte tun? Wie können wir auf unserem Gegenangriff aufbauen und unseren Kopf mit den positiven Gedanken eines sieghaften Christenlebens füllen?

Wir erinnern uns: Wenn unser Denken von Gott erfüllt ist, können wir anfangen, ein neues Geleise in es hineinzugraben und Jesus immer ähnlicher zu werden.

So viele Christen sind in einem negativen, pessimistischen Lebensstil gefangen. Sie stellen sich nie neuen Herausforderungen, machen keine Fortschritte. Gott hat uns nicht als Tiere geschaffen, die nur ein paar Instinkten gehorchen; wir haben das Zeug, kreativ zu sein, Neues zu denken und zu schaffen. Unser erneuertes Denken kann uns die Tür zur vollen Nutzung unseres Potentials öffnen.

Es gibt Christen, die Gott eigentlich dazu berufen hat, Vorkämpfer für ihn in unserer Gesellschaft zu sein, aber ihr altes, unerlöstes Denken hält sie im luftleeren Raum der bloßen, nie genutzten »Möglichkeiten« gefangen. Man redet so viel von den großen »Möglichkeiten« und »offenen Türen« der Kirchen. Was gebraucht wird, sind Christen, die diese Möglichkeiten zu Realitäten machen.

Paulus schreibt: »Gott aber kann viel mehr tun, als wir von ihm erbitten oder uns auch nur vorstellen können. So groß ist seine Kraft, die in uns wirkt« (Epheser 3,20 Hoffnung für alle). In diesem Vers steckt eine ungeheure Kraft. Gott ist fähig, all das Realität werden zu lassen, was wir an Gutem denken, ja noch viel mehr. Er hat die Macht, uns mehr zu geben, als wir je von ihm erbitten können. Und er tut dies nicht irgendwo »da draußen«, sondern seine Kraft wirkt mitten in uns! Er benutzt Sie und mich, um seine Ziele zu erreichen.

Nein, dies ist nicht die »Kraft des positiven Denkens«, auch nicht die Macht des Willens, sondern die Macht Gottes, die weiter geht als all unsere Gedanken und Wünsche und Bitten. Der Gott, dessen Gedanken und Wege so viel höher und vollkommener sind als die unseren, stellt sich mit seiner Allmacht hinter unsere Gedanken und Bitten, sofern sie ihm wohlgefällig sind. Was für ein unglaubliches Geheimnis!

Erneuerung unseres Denkens – das bedeutet, daß wir unser Denken gleichsam entrümpeln von den Angriffen des Feindes, so daß wir fähig werden, die Gedanken Gottes zu vernehmen. Wir erfüllen unser Potential in dem Maße, wie wir anfangen, die Stimme Gottes in unserem Kopf zu hören und auf sie zu antworten.

Wenn wir auf diese Weise frei von der Welt geworden und in unserem Denken umgemodelt sind, werden wir fähig, zu »prüfen, was Gottes Wille ist, nämlich das Gute und Wohlgefällige und Vollkommene« (Römer 12,2).

Jesus hat gesagt: »Meine Schafe hören meine Stimme« (Johannes 10,27). Diese Stimme ist nicht ein leises Flüstern in einem fernen Wind, sie ist eigentlich recht deutlich und stark. Aber unsere Ohren sind so voll von der Stimme des Feindes und dem allgemeinen Kampflärm, daß es uns schwerfällt, Gottes Stimme zu vernehmen. Werfen Sie die anderen Geräusche hinaus, und Gottes Stimme wird deutlicher und wir können Schritte tun, die wir uns vorher gar nicht vorstellen konnten.

Natürlich werden Sie Fehler machen auf dem Weg mit Gott. Seien Sie sich von vornherein darüber im klaren. Sie werden manches Mal stolpern, aber Liegenbleiben gilt nicht! Jesu Jünger machten jede Menge Fehler, aber er gab ihnen nicht die Kündigung und ersetzte sie durch andere, die heiliger und lernbereiter waren, sondern er korrigierte sie, ermutigte sie und schickte sie zurück in ihren Dienst.

Wenn Sie das nächste Mal in einer Gebetsgemeinschaft sitzen, bitten Sie Gott, Ihnen seine Gedanken über einen der anderen Teilnehmer zu geben. Sprechen sie nicht nur ein hübsches evangelistisches Gebet; sagen Sie, was Gott Ihnen eingegeben hat.

Dies ist kein geistliches Spielzeug; dies ist die Kraft Gottes in Ihrem Leben, zum Bau seines Reiches. Um unser volles Potential zu erreichen, müssen wir Gottes Gedanken in die Tat umsetzen.

Ich erinnere mich, wie ich bei einem Essen mit einem Mann ins Gespräch kam, der sehr verbittert und wütend auf Gott war und seine Existenz glatt leugnete. Ehe wir es uns versahen, diskutierten wir darüber, wer wohl vor Gott dagewesen war, falls es ihn denn gab, und ob es uns überhaupt gab oder ob wir nicht vielmehr nur in den Gedanken des anderen existierten oder vielleicht beides. Wie orange war dieser Stuhl? Was hieß »orange« überhaupt? Hätte Adam Schmerzen verspürt, wenn er mit seinem großen Zeh an einen Stein gestoßen wäre? Und so weiter und so fort. Doch die ganze Zeit kreiste in meinem Hinterkopf eine Stimme, ein Gedanke, der lauter und lauter wurde: daß dieser Mann aus einer Gemeinde entfernt worden war, weil er irgend etwas getan hatte.

Als er ging, drehte ich mich zu meinem Nebenmann hin, der ihn gut kannte, und sagte: »Mann, das war ein zäher Bursche, nicht wahr?« Seine Antwort warf mich fast vom Stuhl. »Und weißt du auch, warum? Den hat vor fünf Jahren seine

Gemeinde ausgeschlossen, weil er nicht bereit war, mit seinem Ehebruch aufzuhören. Er war total verbittert, als er ging.« Was hätte geschehen können, wenn ich auf meinen Gedanken hin gehandelt und die Möglichkeit, die diese Situation mir gab, genutzt hätte?

Achtung! Hier arbeitet Gott!

Das bringt mich zu dem, was Paulus in Philipper 2,13 schreibt: »Denn Gott ist's, der in euch wirkt beides, das Wollen und das Vollbringen, nach seinem Wohlgefallen.«

Gott ist an der Arbeit in Ihrem Denken. Er ist dabei, es umzuwandeln. Öffnen Sie sich ihm, werden Sie sein Mitarbeiter; er will Sie dazu benutzen, seine guten Pläne auszuführen.

Wenn wir etwas bewirken wollen in den heutigen Generationen, dann brauchen wir Weisheit, Wissen und ein gesundes Urteilsvermögen. Alle drei werden uns in der Bibel versprochen, und alle drei sind für unser Denken wichtig. Ein erneuertes Denken denkt weise Gedanken, und ein solides Wissen hilft Ihnen, sie richtig einzusetzen. Je klarer Ihr Denken, um so besser werden Sie die vielen komplexen Situationen, die Ihnen begegnen werden, einschätzen können. Und dies ist nicht etwas, was einer kleinen Elite von Superchristen vorbehalten wäre, sondern es steht allen offen, die ihre Gaben und ihr Herz Gott zur Verfügung stellen.

Viele von uns denken Gottes Gedanken, ohne sich dessen bewußt zu sein. Tun Sie Schritte für Gott! Sie werden staunen, wie er Sie gebrauchen kann. Was Sie für Gott tun können, kann Ihnen niemand anders abnehmen, und Sie können es keinem anderen abnehmen. Sie können keine Bücher darüber lesen und keine Videos sehen. Letztlich müssen Sie es einfach wagen und auf das hin, was Gott Ihnen sagt, handeln.

Wie traurig, daß es in den meisten Gemeinden nur ganz wenige sind, ein bloßer Bruchteil der Glieder, die sich so auf Gott einlassen. Gott wartet auf Sie.

Gott gibt Ihnen seine Aufträge im Hausbibelkreis, in Versammlungen, bei Besuchen, in Ihrer Straße und über Ihren Gartenzaun. Er redet zu Ihnen über Menschen oder über Projekte. Er erklärt Ihnen Situationen und Ereignisse und ruft Sie zu neuen Ufern. Schreiten Sie mutig aus! Gott ist am Wirken in Ihnen, und je mehr Sie Ihr Denken von ihm erneuern lassen, um so mutiger werden Sie.

Ein Mensch, der so denkt, ist nicht mehr geistlos und leer; er ist ein Lernender, der beginnt, zu entdecken, wie besseres Denken sein Potential in Christus verwirklicht. Sie werden sich entwickeln, und Ihre Gaben werden sichtbarer und fruchtbarer werden. Achtung! Hier arbeitet Gott!

9. Kleine Denkschule

Wir haben uns das Thema »Versuchung« angeschaut, wir haben eine Strategie erarbeitet, wie wir den Feind mit dem Schwert des Wortes Gottes besiegen können, und wir haben begonnen, unser Denken umwandeln zu lassen und es mit Gottes Gedanken zu füllen.

Unsere nächste Aufgabe lautet, weiter Fortschritte zu machen und in unserem Denken die richtige Richtung beizubehalten. Wir müssen in der Denkschule bleiben.

Der Schlüsselvers ist hier Römer 8,5: »Die irdisch und selbstsüchtig gesinnt sind, trachten nach dem, was irdisch ist; die geistlich Gesinnten dagegen nach dem, was geistlich ist« (Bruns). Wir haben entdeckt, daß es möglich ist, daß wir uns von Gottes Geist leiten lassen und ein Denken bekommen, das vom Denken Christi bestimmt ist (vgl. 1. Korinther 2,16). Der Schlüssel dazu, daß dies so bleibt, ist ein bewußter Willensakt.

In Römer 8,5 ist von »Trachten« die Rede. Wir müssen unser Denken auf die Dinge des Geistes ausrichten. Dieses Ausrichten ist ein bewußter Entschluß. Es ist so ähnlich, als ob wir ein Fernglas auf einen Gegenstand richten und diesen ins Visier nehmen. Wir blicken fest auf die Dinge des Geistes, ohne uns nach links oder rechts ablenken zu lassen (vgl. auch Kolosser 3,2; Philipper 4,8).

Dieses Ausrichten muß jeden Tag von neuem geschehen. Bei jedem Aufwachen haben wir die Wahl: Entweder wir sagen: »Vater, ich danke dir für diesen neuen Tag; ich will heute für dich leben und nicht für mich selber.« Oder wir sagen: »Ach, heute ist mir alles egal.«

Die Entscheidung liegt ganz bei Ihnen: Sie können neu das Ziel ins Visier nehmen oder sich in die Lethargie fallen lassen. »Trachtet«, sagt Paulus. Es handelt sich um einen bewußten Willensakt.

Aber jetzt müssen wir praktisch werden. Wie macht man das – das Ziel im Visier halten, unser Denken auf die Dinge des Geistes Gottes gerichtet halten? Ich glaube, daß es drei Dinge in unserem Alltag gibt, die uns hier helfen können: das Wort Gottes kennen, Gemeinschaft mit Gott und Gemeinschaft mit anderen Christen.

Gottes Wort kennen

Da ist er wieder, dieser Angelpunkt, den wir schon in dem Kapitel über die Versuchung kennenlernten: wissen, was Gottes Wort über uns sagt. Der Geist freut sich über die Verheißungen Gottes, und wir sollten dies auch tun. Wenn wir unser Denken auf die Dinge des Geistes Gottes ausrichten wollen, dann bedeutet dies ohne jeden Zweifel, daß Gottes Wort unser Lebenselixier zu sein hat.

Bitte beachten Sie, was dies *nicht* bedeutet. Es bedeutet nicht, daß wir mit verklärten Augen umhergehen und pausenlos Bibelverse zitieren. Wenn ich Fußball spiele, meditiere ich nicht über Bibelverse, sondern bin mit Kopf und Körper voll beim Spiel und versuche, so viele Tore zu schießen wie möglich. Als Christ will ich natürlich fair spielen, aber ich spiele mit vollem Einsatz.

Nein, was wir brauchen, ist eine innere Einstellung, die gewissermaßen auf Autopilot läuft und uns im übrigen voll am Leben teilnehmen läßt. Es geht nicht darum, »superfromm« zu werden und nur noch auf Wolke Sieben zu leben, sondern wir lassen Gott seine Gedanken und Prioritäten in unser Leben hineinlegen, so daß wir wie von selber mit ihm gehen.

Das Wort Gottes hilft uns auf vielerlei Weise. Hier nur einige Beispiele.

Es zeigt uns, wer Gott ist

Viele Christen haben Probleme, weil der Gott, den sie anbeten, eigentlich ein Fremder für sie ist. Gott der »Vater«, das ist ihnen nicht geheuer – vielleicht, weil ihr eigener Vater schwierig war oder weil sie ein falsches Gottesbild eingeimpft bekommen haben.

Ich kenne Christen, die allen Ernstes glauben, daß Gott sie immer noch für irgendwelche Dinge bestraft, die sie vor mausgrauer Zeit einmal falsch gemacht haben, und es kann Schwerarbeit sein, ihnen klarzumachen, daß Gott anders ist. Sie müssen es lernen, das anzunehmen, was die Bibel über Gottes Vaterherz sagt.

Es zeigt uns, wer wir sind

Es tut uns gut, wenn wir uns täglich daran erinnern, wer wir überhaupt in Christus sind. Wir müssen unser Erbe kennen, wir müssen unsere Rechte kennen, wir müssen wissen, was für eine Herrlichkeit wir in Christus haben. Die Erkenntnis, daß Gott uns ohne Wenn und Aber als seine Kinder adoptiert hat, macht uns frei von unseren inneren Wunden.

Viele Christen haben große Probleme mit einer verzerrten, verengten Sicht von ihrer Erlösung. Sie können diese Probleme loswerden, indem sie ganz schlicht das glauben, was Gott ihnen in der Bibel sagt.

Es macht uns zu Jüngern

Wenn der Heilige Geist mehr und mehr Menschen in Ihre Gemeinde hineinführt, bekommen Sie die Aufgabe, diesen Menschen zu helfen, Jünger zu werden. Jesu Missionsbefehl in Matthäus 28,20 lautet, alle Völker zu »Jüngern« zu machen. Was für eine gewaltige Aufgabe!

Aber wenn Sie Gottes Wort nicht kennen und nicht auf es ausgerichtet sind, was um alles in der Welt wollen Sie dann an andere weitergeben? Wenn Sie kein rechtes Bild von Gott als Ihrem himmlischen Vater haben und sich nicht darüber im klaren sind, was Sie in Christus alles haben, müssen Sie eine bloße Statistenrolle spielen und zuschauen, wie andere diese Arbeit tun – frischgebackene Christen zu Jüngern machen.

Was Sie sind, werden die anderen werden. Dies gilt im Positiven wie im Negativen. Wenn Sie nicht die befreiende Macht der Gnade Gottes begriffen haben, werden Sie, ohne es zu wollen, andere in die Falle der Gesetzlichkeit führen, denn Sie sind nicht in der Lage, die Symptome einer gesetzlichen Einstellung zu erkennen (weder bei Ihnen selber noch bei anderen).

Vertiefen Sie sich in das Wort Gottes. Lassen Sie es Ihr Denken, Ihre Einstellung, Ihr ganzes Verhalten füllen. Dann muß es nicht geschehen, daß andere Ihre Fehler wiederholen (es reicht, wenn sie ihre eigenen machen), sondern sie können von Ihrem Beispiel lernen. Das ist Jüngerschaft praktisch.

Es entwickelt Ihren Beitrag zum Leib Christi

Schauen wir uns zwei Stellen an, wo Paulus die Gläubigen auffordert, ihren vollen Anteil am Leben der Gemeinde zu übernehmen. In Epheser 5,18-19 sagt er: »Und sauft euch nicht voll Wein, woraus ein unordentliches Wesen folgt, sondern laßt euch vom Geist erfüllen. Ermuntert einander mit Psalmen und Lobgesängen und geistlichen Liedern, singt und spielt dem Herrn in eurem Herzen.«

Und in Kolosser 3,16 lesen wir: »Laßt das Wort Christi reichlich unter euch wohnen: lehrt und ermahnt einander in aller Weisheit; mit Psalmen, Lobgesängen und geistlichen Liedern singt Gott dankbar in euren Herzen.«

Der Geist und das Wort – das sind unsere beiden Quellen. Sie führen zu derselben Frucht, und wir brauchen sie beide, um unser Potential als Glied am Leib Christi zu erfüllen. Wir müssen vom Geist und vom Wort erfüllt werden.

Wir bekommen Schlagseite, wenn wir das eine, aber nicht das andere haben. Da sind Sie zum Beispiel in einem Gottesdienst, und Gottes Geist macht Ihnen die Liebe, die Gott zu seinen Kindern hat, so richtig groß. Sie sehnen sich schon lange danach, eine Geistesgabe zu haben, und so versuchen Sie, das Sprachrohr des Geistes zu sein, und fangen an: »Leute, ich liebe euch. Ich liebe euch ja so sehr, so ganz und gar, ich liebe euch. Meine Liebe ist phantastisch und wunderbar, und ich liebe euch.«

Kann sein, daß in der Versammlung gerade jemand ist, der eine Erinnerung an Gottes Liebe braucht, aber die allermeisten der Anwesenden werden um diese Liebe längst wissen. Was sie anrühren wird, wird die Aufrichtigkeit Ihres Herzens sein, die sie aus Ihrer Stimme heraushören. Sie werden erkennen, daß der Geist Gottes Sie anrührt.

Das Problem ist, daß dann, wenn Sie nur wenig von der Bibel kennen, Ihr Wortschatz und Ihre Ausdrucksmöglichkeiten sehr begrenzt sind. Der Geist kann keine Bibelverse in Ihrem Gedächtnis aktivieren, weil keine da sind. Das Ergebnis ist eine Sprache, die lahm und flach klingt. Tatsache ist, daß viele Gemeindeglieder, die eigentlich gerne eine Botschaft Gottes weitergeben würden, davor zurückscheuen, weil sie Angst haben, oberflächlich zu klingen. Sie spüren, daß der Heilige Geist in ihnen gleichsam nicht viel Material vorfindet, mit dem er arbeiten kann.

Es ist ganz natürlich, daß es dann, wenn Sie Ihre Geistesgaben zum ersten Mal ausprobieren, noch recht schlicht zugeht (und Gott benutzt gerne das Schlichte, Einfache). Aber in dem Maße, wie Gottes Wort reicher in uns wohnt, wird auch unser Reden und Prophezeien im Geist reicher und tiefer werden. Unsere Worte nehmen immer mehr Stellen aus der Bibel auf und bekommen so eine Tiefe, eine Breite und einen Reichtum, die den ganzen Leib Christi ermutigen und aufbauen.

Wo der Heilige Geist und die Macht des Wortes Gottes zusammenkommen, geschieht immer etwas Großes. Öffnen wir Gott die Tür dazu, indem wir uns in die Bibel vertiefen.

Es schafft einen Glauben, mit dem wir leben können

Aber der Christ, der sich in seinem Denken auf Gottes Geist ausrichtet, bekommt noch mehr: einen Glauben, mit dem er seinen Alltag bestehen kann. Das für den Geist offene Herz erzeugt einen Menschen, der in der Dynamik des Glaubens lebt, Stunde für Stunde und Tag für Tag. In Römer 10,17 beschreibt Paulus ein Zwei-Stufen-Modell des Glaubens: »Der Glaube kommt allein aus dem Hören der Botschaft; die Botschaft aber gibt uns Christus« (Hoffnung für alle).

Manche Leute haben merkwürdige Vorstellungen vom Glauben. Glaube ist für sie eine Art intellektueller Kraftakt: »Ich glaube, ich glaube ganz fest, ich glaube ganz, ganz fest ...« Aber Glaube ist kein seelisches Muskeltraining, sondern einfach eine innere Überzeugung, eine Gewißheit, ein tiefes Wissen, daß Gott zu mir gesprochen hat und daß ich mit ihm lebe.

Das ist tödlich für jede Art von intellektuellem Stolz. Wenn wir alle Argumente durchdacht und das Für und Wider abgewogen haben, landen wir bei der einfachen Feststellung: Ich weiß, daß es Gott gibt und daß die Bibel wahr ist. Wenn uns darauf unser Diskussionspartner fragt. »Woher weißt du denn das?«, können wir nur antworten: »Ich weiß es halt.«

Das ist Frust pur für den Menschen, der Gott in den Griff seines Intellekts kriegen will – und die Frucht eines Denkens, das auf Gottes Geist und sein Wort ausgerichtet ist.

Kennen Sie die berühmte Glaubensdefinition in Hebräer 11,1? »Es ist aber der Glaube eine feste Zuversicht auf das, was man hofft, und ein Nichtzweifeln an dem, was man nicht sieht.«

Manche Menschen verstehen den Glauben als einen Sprung ins Ungewisse, als das große Risiko; wie kann ich Gewißheit über etwas haben, das ich nicht sehen kann?

Doch in Wirklichkeit ist Glaube äußerste Gewißheit. Ob es um Jungfrauengeburt und Auferstehung und andere Glaubenssätze geht oder um Gottes Führung in einem bestimmten Bereich meines Lebens – Glaube ist Gewißheit, nicht Risiko, fester Boden unter den Füßen, kein Sprung ins Leere. Dem Nichtchristen mag er sehr wohl riskant erscheinen, nicht aber dem Gläubigen.

Einige sehen in dem Element des »Aufbruchs«, das zum Glauben gehört, ein Risiko. Und es erfordert auch Mut und geistliche Kraft, im Glauben neue Schritte zu tun. Doch dieser Mut gründet sich immer auf eine Gewißheit über Gott und sein Wort. Glaube ist weder ein ängstliches »Hoffentlich stimmt das auch« noch ein arrogantes »Hoppla, jetzt komm' ich«.

Er ist auch keine magische Formel. Gott läßt sich von uns keine Spielregeln vorgeben und ist in seinem Handeln immer wieder für eine Überraschung gut. Er will keine Roboter, die sklavisch einem Programm folgen, sondern Menschen, die eine lebendige Beziehung zu ihm haben, die täglich neu und voller Leben und Abwechslung ist.

Unsere Probleme mit dem Glauben liegen in unserem Denken. Oft gibt es in uns einen richtigen Kampf. Da bittet jemand mich, für ihn zu beten, daß er gesund wird, und mein erster Gedanke ist: »Toll! Das ist *die* Gelegenheit, Gottes Wirken zu erleben.« Doch es folgt gleich ein zweiter Gedanke: Wird denn überhaupt etwas passieren?

Warum ist dies so? Meist aus einem der folgenden Gründe:

1. Ich habe eine zynische Einstellung. Abhilfe: Mein Denken erneuern.
2. Ich habe bereits für andere Menschen gebetet, und es geschah nichts. Abhilfe: Mein Denken erneuern, mich neu in Gottes Verheißungen vertiefen.
3. Ich bin nicht sicher, ob der andere selber überhaupt glaubt, daß etwas geschehen wird. Abhilfe: Mein Denken

erneuern; *Gott* entscheidet über die Heilung, nicht Menschen.
4. Der Teufel will mich hindern und schickt mir die Versuchung, Gott nicht zu glauben. Abhilfe: Mein Denken erneuern.

Von Martyn Lloyd-Jones stammt eine sehr hilfreiche Definition des Zweifels: *Zweifel ist angefochtener Glaube.* Zweifel ist kämpfender Glaube, eine Glaubenskrise, wenn Sie so wollen, aber er ist nicht Unglaube. Und Lloyd-Jones hat noch einen hilfreichen Satz geprägt: *Zweifel kommen, wenn ich auf mich selber höre und mir nicht die Wahrheit vorsage.*

Wenn ich mir die Wahrheit des Wortes Gottes vorsage, wenn ich seine Verheißungen und sein Wesen verkündige, baue ich den Glauben, den ich bereits besitze, auf. Ich lasse es nicht zu, daß der Zweifel in mir herrscht, im Gegenteil: Ich begegne ihm mit dem, was Gott gesagt hat.

Dies ist kein Glaubenskrampf, denn der Glaube ist ja schon da. Der springende Punkt ist, daß das erneuerte Denken, das disziplinierte Denken, das mit dem Wort Gottes getränkte Denken diesen Glauben stärkt und aktiviert, während das nicht erneuerte Denken sich dem Zweifel hingibt und sich zu nichts aufraffen kann.

Die Gemeinschaft mit Gott

Eine zweite Methode, mein Denken zu verbessern, besteht darin, meine persönliche Gemeinschaft mit Gott zu pflegen. In Matthäus 22,37 erinnert Jesus uns an das Grundfundament der Zehn Gebote; zu ihm gehört, daß wir Gott »von ganzem Gemüt« lieben. »Gemüt« ist dabei mehr als nur unser Gefühlsleben; es umfaßt unser ganzes Denken, Gesinnung und Streben; die Einheitsübersetzung übersetzt »mit all deinen Gedanken«.

Paulus wußte wie kein anderer, was es bedeutet, Gott anzubeten. In 1. Korinther 14,14-15 schreibt er, daß dazu auch das Beten und Singen »mit dem Verstand« gehört. Er wollte nicht, daß sein Denken unbeteiligt blieb, wenn er Gemeinschaft mit Gott hatte. Tägliche Anbetung pustet Ihren Kopf durch und macht Ihr Denken klar, klug und ausgewogen.

Eines Sinnes sein

Es tut Ihrem Denken gut, wenn Sie kein Solochrist sind, sondern Gemeinschaft mit anderen haben. Doch solche Gemeinschaft erfordert Demut und kann Arbeit sein.

Paulus fordert die Philipper auf, »in *einem* Geist zu stehen« und »*eines* Sinnes zu sein« (Philipper 1,27; 2,2). Was bedeutet dies konkret? Daß ein Christ keine eigene Meinung haben darf? Daß er seine Individualität verliert? Nein, natürlich nicht; dergleichen sind Horrormärchen, die mit der Realität christlicher Gemeinschaft wenig zu tun haben.

Tatsache ist, daß wir in der Gemeinde unsere *Individualität* – also unsere unverwechselbare Persönlichkeit, die Gott gerade so wertvoll ist wie uns – behalten. Was wir verlieren, ist unsere *Autonomie* bzw. Selbstverwirklichung, die das Wachsen und Reifen im Leib Christi nur behindert. Interessanterweise ist eines der Merkmale einer Sekte, daß ihre Mitglieder sowohl ihre Autonomie als auch ihre Individualität verlieren. Wir wollen natürlich keine Sekte sein, aber schütten wir nicht das Kind mit dem Bad aus! Gott will, daß wir es lernen, uns in unserem Denken einander unterzuordnen.

Es ist eine meiner Lebensaufgaben, eines Sinnes mit meinen Brüdern und Schwestern im Glauben zu sein. Dies hat nichts mit intellektuellem Selbstmord oder dem Abschalten des Gehirns zu tun, sondern es geht darum, daß ich meine Gaben und Eigenschaften einbringe, um Gemeinde zu bauen, und mir von den anderen Christen meine Ecken und Kanten wegschleifen lasse.

Kein Zweifel: Wenn wir uns einander unterordnen, können wir als Gemeinde besser denken. An einer anderen Stelle, in Epheser 4, ruft Paulus uns auf, die Einheit im Geist zu pflegen, bis wir die volle Einheit im Glauben erreichen. Wir wollen alle bessere Botschafter Christi sein; Sie sind nicht der einzige mit diesem Ziel. Üben Sie sich in Demut und nutzen Sie Ihre Gelegenheit, eines Sinnes mit den anderen zu werden.

10. Seelen gewinnen

Ich bin ein sportlicher Typ, aber eine Sportart ist mir absolut zuwider: der Geländelauf. Als ich auf der Oberschule war, mußten wir alle die Ausscheidungsläufe für die Geländemannschaft mitmachen. Die ersten zwanzig kamen ins Team, und die letzten zwanzig durften den Lauf wiederholen.

»Kein Problem«, dachte ich. »Sieh zu, daß du mindestens zwanzig vor dir und zwanzig hinter dir hast, und die Sache ist geritzt!« Es ging los, und ich hielt mich listig in der Mitte. Es lief wie Butter, und ich kam exakt als Neunzehnter ins Ziel. (Ich bin noch nie gut in Mathematik gewesen.)

Ein ganzes Jahr war ich in dieser verwünschten Mannschaft. Es war mir egal, ob wir siegten oder verloren. Ich lernte jeden Trick, um mich vor dem Laufen zu drücken, von simulierten Seitenstichen bis zum Zwischenaufenthalt im Süßwarenladen. Ich hatte keine Motivation, keinen Bock auf Sieg. Schon vor dem Start war ich nicht mehr dabei.

Einige der Jungen liefen ganz gut. Sie hatten jedesmal eine Siegeschance. Sie liefen trotz Seitenstichen weiter und ließen sich von keinem Süßwarenladen ablenken. Sie gaben ihr Bestes; sie wollten laufen, und sie wollten gewinnen. Ich nicht; ich gab bei der ersten Schwierigkeit auf.

Paulus schreibt: »Lauft so, daß ihr den Siegespreis erlangt!« (1. Korinther 9,24), und er ergänzt dies durch den Satz: »Darum laufe ich nicht wie einer, der ziellos läuft« (V. 26 Einheitsübers.). Dies sollte unsere Einstellung sein in unserem Lauf für Gott. Ich habe ein Ziel: die Erneuerung meines Denkens. Ich weiß, daß dies möglich ist, ich weiß, daß ich gewinnen kann, und ich bin entschlossen, dies zu tun. Ich werde mich nicht ziellos durchs Leben treiben lassen; ich will den Siegespreis!

Wenn ich ein Sieger werden will, brauche ich diese Mentalität. Ohne sie wird sich in meinem Denken und damit in meinem Leben nicht viel ändern.

Das Ziel vor Augen

In Hebräer 12,1-2 erfahren wir weiter, daß wir in diesem Wettlauf alles ablegen müssen, was uns hindert. Ich muß mit Ausdauer laufen und meinen Blick ständig auf Jesus heften. Ich werde nie eine Siegermentalität bekommen, wenn mein Denken nicht klar ist. Bei dem Thema »Denken« herrscht heute so viel Verwirrung – eine Verwirrung, die nicht mehr so sehr von der Verkopftheit der Menschen herrührt, sondern mehr von jener neuen, esoterisch gefärbten Spiritualität, die man manchmal mit dem unscharfen Ausdruck »New Age« bezeichnet und die in fast jeden Bereich unseres Leben eingesikkert ist.

Wenn ich gewinnen will, muß ich mein Denken entrümpeln. Ich brauche Durchblick – so dringend wie vielleicht noch nie zuvor. Ich muß wach und informiert sein und meine Augen weit offen halten. Wir sollten nicht den Teufel hinter jedem Busch vermuten, aber es täte uns gut, einmal zu untersuchen, was hinter den heute gängigen Anschauungen und Denkmoden steckt. Als Christen sind wir schließlich nicht *von* der Welt, aber doch *in* der Welt. Zu oft haben evangelikale Christen das Hohepriesterliche Gebet Jesu für seine Jünger (Johannes 17) in einem rein äußerlichen Sinn verstanden – wie wir uns zu kleiden haben, ob wir ins Kino gehen dürfen und mit wem wir verkehren. Ich komme mehr und mehr zu dem Ergebnis, daß es hier viel mehr um unser Inneres geht – um die Einstellung meines Herzens, und jawohl, um die Art, wie ich denke.

Die Zeit ist reif für eine neue Christengeneration, die klar in ihrem Denken ist – die frei von den Fußketten der Gesetzlichkeit ist und sich nicht mehr vom »New Age« hinters Licht führen läßt. Eine Generation, die durch die Erneuerung ihres Denkens transformiert ist und sich nicht mehr von den Strukturen dieser Welt beherrschen läßt, sondern ihre Welt zur Ehre Gottes verändert.

Dieses Buch hat Sie sozusagen hinter die Kulissen des Kampfes um Ihr Denken geführt. Wir haben uns den Zustand Ihres Denkens vor und nach Ihrer Bekehrung zu Christus angesehen und den Mechanismus des Erneuerungsprozesses studiert. Wir haben die eine und einzige Waffe des Feindes behandelt und die Art, wie er sie einsetzt. Wir haben gesehen, wie wir uns mit gezielten Gegenangriffen wehren und ein neues Denken aufbauen können, das auf den Geist Gottes ausgerichtet und von Gottes Wort erfüllt ist.

Und jetzt: Fangen Sie an! Sie können das; Gottes Kraft, die in Ihnen am Werk ist, ist mehr als ausreichend. Wollen Sie sich der Herausforderung stellen, sich durch die Erneuerung Ihres Denkens transformieren zu lassen? Wollen Sie ein Sieger werden?

Teil III

Fragen zur Vertiefung

I. Warum es wichtig ist, daß Christen anders denken

1. Was war Ihre erste Reaktion, als Sie den Titel dieses Buches lasen?
2. Der Autor erinnert sich an ein persönliches Beispiel für eine Versuchung (die Szene vor dem Süßwarenregal). Kennen Sie ähnliche Beispiele aus Ihrem eigenen Leben?
3. Wie änderte sich Ihr Denken in den ersten Jahren, nachdem Sie Christ wurden? Waren diese Veränderungen eher allmählich oder plötzlich?
4. Wie beeinflußte Ihr verändertes Denken Ihr Handeln? Ihren Lebensstil?
5. Heute lenkt Gott also Ihr Leben und gibt ihm Sinn und Ziel. Was heißt das für Ihr Denken, und wie war es früher?
6. Schauen Sie sich noch einmal die Liste der Symptome des unbeherrschten Denkens an (Streß und Ängste, sexuelle Versuchung, Zynismus, Negativdenken, Selbstmitleid, Wut, Traumen). Wenn Gott das Ziel hat, uns Jesus ähnlicher zu machen: Was für ein Vorbild hat Jesus uns in diesen Bereichen gegeben?

2. Ein Blick in Ihren Kopf

1. »Ohne Christus ist unser Verstand verfinstert.« Wie reagieren Sie auf diesen Satz?
2. Was für Problembereiche in unserer heutigen Welt (international oder im eigenen Land) deuten darauf hin, daß das Gewissen der Menschen nicht mehr richtig funktioniert?
3. Gab es in Ihrem Leben einen Augenblick, wo Gott »den Vorhang beiseiteschob«, so daß Sie anfangen konnten, die Wahrheit der Bibel zu begreifen? Wie war das damals?
4. Was für einen Unterschied *in Ihrem Alltag* macht es für Sie, daß das Blut Jesu Ihr Gewissen gereinigt hat?
5. Haben Sie immer noch mit den gleichen Schwächen und Problemen zu kämpfen wie vor Ihrer Bekehrung? Wie fühlen Sie sich dabei?
6. Inwieweit ist die Erkenntnis, daß unser Veränderungsprozeß allmählich und nicht augenblicklich ist, eine Befreiung für uns?

3. Wer bin ich?

1. Was für positive Werte haben Sie als Kind gelernt?
2. Können Sie sich an negative Worte oder Vorfälle aus Ihrer Kindheit erinnern, die Ihr Selbstbild geprägt haben?
3. Wie fühlen Sie sich, wenn Sie sich dauernd abstrampeln müssen, die Erwartungen anderer Menschen zu erfüllen?
4. Berichten Sie, wie Gott Sie von Negativeinflüssen oder traumatischen Ereignissen in Ihrem Leben frei gemacht hat.
5. Was für Werte und Botschaften vermitteln die gängigen Unterhaltungsserien im Fernsehen?
6. Mit was für Kulturkonflikten werden Sie als Christ in Schule, Ausbildung, Beruf oder bei Ihren Freunden konfrontiert? Wie hätte Jesus sich hier wohl verhalten?

4. Auf in den Kampf!

1. Woran merken Sie, daß ein Kampf um Ihr Denken tobt?
2. Haben Sie persönliche Beispiele dafür, daß selbst nach der Bekehrung zu Christus der Teufel Einfluß auf unser Denken behalten kann?
3. Haben Sie erlebt, wie Gott Sie auf einem bestimmten Gebiet Ihres Denkens aus dem Griff des Teufels befreit hat? Berichten Sie es – für Menschen, die vielleicht gerade ein ähnliches Problem haben.
4. Hat das Bild des Teufels, der plötzlich angeflogen kommt, um in unseren Gedanken zu landen, Ihnen etwas zu sagen gehabt? Was für praktische Schritte können wir ergreifen, um dem Feind unserer Seelen keine »Landeplätze« zu bieten?
5. Was sind die Symptome dafür, daß jemand in seinem Denken nachlässig und undiszipliniert wird? Wie können wir als Glieder des Leibes Christi hier einander helfen?
6. Lesen Sie Matthäus 4,1-11. Wie ging Jesus mit der Versuchung durch den Teufel um? Was für Hilfen für Sie selber finden Sie in diesem Abschnitt?

5. Nicht dran denken – aber richtig!

1. »Fülle dein Denken mit guten Gedanken, und die bösen werden weggehen.« Klingt einfach – aber mit was für Schwierigkeiten müssen Sie rechnen?
2. »Der / die schwebt auf Wolke Sieben.« Was halten Sie von diesem Satz? War Jesus so?
3. Was für neue »Denkgeleise« mußten Sie, nachdem Sie Christ geworden waren, als erstes einüben? Was für Probleme haben Sie demgegenüber heute?
4. Wie sieht es mit Ihrem Bibellesen und dem Meditieren über die Bibel aus? Was für neue Impulse könnten Sie gebrauchen? Was haben Sie gelernt, das anderen weiterhelfen könnte?
5. Gibt es biblische Wahrheiten, die Ihnen Mühe machen? Welche sind es? Warum machen sie Ihnen Mühe?
6. Geben Sie ein Beispiel dafür, wie Sie durch eine Wahrheit aus der Bibel frei von Angst wurden.

6. Gottes Schwert – die Wurzel packen

1. »Gottes Wort in der Bibel ist kein Schauschwert, das man zur Verzierung an die Wand hängt.« Was bedeutet dieser Satz? Sehen Sie hier auch für sich eine Gefahr?
2. Erinnern Sie sich an einen Schlüsselmoment in Ihrem Leben, wo Gottes Wort direkt in Ihr Leben hineinsprach und ein Problem offenlegte?
3. Was hat Gott Ihnen in den letzten Wochen beim Bibellesen über Sie gezeigt oder zu Ihnen gesagt?
4. Was können Sie gegen eine bei Ihnen etwa vorhandene Passivität unternehmen, um Ihre Leidenschaft für Gott zu stärken?
5. Wie können wir einander als Glieder am Leib Christi helfen, die Grundprobleme des Stolzes, des ungenügenden Glaubens und der mangelhaften Treue mittels des Wortes Gottes anzugehen?
6. Lesen Sie Offenbarung 1,9-18, wo geschildert wird, wie der verherrlichte Jesus dem Apostel Johannes erscheint. Wie verstehen Sie Vers 16 (»und aus seinem Mund ging ein scharfes, zweischneidiges Schwert«)? Was bedeutet dieser Satz für Ihre Beziehung zu Jesus?

7. Das Schwert – den Feind angreifen

1. Haben Sie es sich angewöhnt, Bibelverse auswendig zu lernen? Was kann Ihnen das bringen in dem Kampf um Ihr Denken?
2. Was bedeutet es für Ihren ganz normalen Alltag, daß Sie jetzt »in Christus« sind?
3. Sie sind immer noch Versuchungen zur Sünde ausgesetzt (und manchmal erliegen Sie ihnen), aber wie hat sich Ihre Grundeinstellung zu Sünde und Versuchung geändert, seit Sie Christ wurden?
4. Jesus Christus wurde so versucht wie Sie, ja noch viel mehr – was haben Sie von dieser Tatsache?
5. Was für eine Hilfe finden Sie in 1. Korinther 10,13?
6. Gibt es Situationen, wo Sie besonders der Versuchung ausgesetzt sind? Wie gehen Sie mit diesem Problem um?

8. Lassen Sie Gott an Ihnen arbeiten

1. Was für Zeitungen und Illustrierten werden bei Ihnen zu Hause gelesen? Welche Radiosender hören Sie am meisten? Wieviel sehen Sie fern, und was sehen Sie? Was für Computerspiele spielen Sie oder Ihre Kinder? Setzen Sie sich zusammen und unterhalten Sie sich darüber, wie diese und andere Dinge Ihres Alltags Ihr Denken prägen.
2. Inwiefern sind Sie seit Ihrer Bekehrung ein kreativerer oder kompetenterer Mensch geworden? Wie ist das bei anderen Mitgliedern z. B. Ihres Hauskreises? Ermutigen Sie einander mit den Fortschritten, die Sie feststellen.
3. Ziehen Sie hin und wieder Bilanz über Ihr Leben und setzen Sie sich Ziele für sich selber oder Ihre Familie? Was für neue Herausforderungen haben Sie in den letzten Jahren angepackt?
4. Gibt es etwas, das Sie schon immer gerne tun wollten, aber dann auf Eis gelegt haben?
5. Wie können wir einander helfen, bei Fehlern und Versagen nicht aufzugeben?
6. Merken Sie zur Zeit etwas davon, wie Gott an Ihnen arbeitet?

9. Kleine Denkschule

1. Wie wichtig ist die Art, wie Sie den Tag beginnen? Was für Probleme müssen Sie persönlich überwinden, um sich morgens auf Gott auszurichten?
2. Wichtiger, als wie Sie sich »fühlen«, ist Gottes Urteil über Sie. Wie viele biblische Aussagen darüber, wie Gott uns jetzt, seit wir »in Christus« sind, sieht, können Sie aufzählen?
3. Wären Sie bereit und fähig, einem frischgebackenen Christen bei den ersten Schritten im Glauben zu helfen? Falls nein: Auf welchen Gebieten brauchen Sie Hilfe, um zunächst selber Fortschritte zu machen?
4. Was hilft Ihnen, Gott mit Ihrem ganzen Inneren anzubeten?
5. Wie können wir den gemeinsamen Gottesdienst so gestalten, daß wir die Herrlichkeit Christi erleben und unsere Gäste merken, daß Gott wirklich unter uns ist?
6. Ein Christ kann zu sehr auf seine Autonomie pochen und eine bloße Kopie der anderen sein. Wie können wir diese beiden Extreme vermeiden?

10. Seelen gewinnen

1. Wie hat dieses Buch Ihnen geholfen, eine missionarischere Einstellung zu bekommen?
2. Was haben Sie, nachdem Sie begriffen haben, wie wichtig ein erneuertes Denken ist, bereits in Ihrem Leben verändert? Was für Änderungen müssen Sie noch durchführen?
3. Haben Sie angefangen, neue Siege in dem Kampf um Ihr Denken zu erringen? Nennen Sie sie und ermutigen Sie einander damit.
4. Wie können wir unseren Freunden und Verwandten bei ihrem Kampf um das rechte Denken helfen?

Weitere lesenswerte Titel aus dem Verlag C. M. Fliß:

Dave Hunt: RÜCKKEHR ZUR BIBLISCHEN WAHRHEIT
ISBN 3-931188-44-2
Seit Jahren kämpft Dave Hunt in seinen Vorträgen und Büchern gegen die Verwässerung der Erlösungsbotschaft und für eine Rückkehr zur biblischen Wahrheit. In diesem Buch diskutiert er in 29 Kapiteln Kernthemen des Glaubens.

Dr. Charles Stanley: ACHTUNG – GOTT REDET HEUTE NOCH! HÖREN SIE ZU!?
ISBN 3-931188-49-3
Wie kann ich Gottes Stimme hören? Inmitten unseres komplexen, hektischen Lebens ist nichts dringlicher, notwendiger und lohnender, als darauf zu achten, was Gott uns zu sagen hat.

Dave Hunt: VERTEIDIGT DEN GLAUBEN
ISBN 3-931188-41-8
Wer ist Gott? Warum läßt er das Böse zu? Will er, daß es Menschen gibt, die verloren gehen? Warum werden meine Gebete nicht alle erhört? Sind Gott und Allah nicht dasselbe? Dies sind nur einige der Fragen, auf die Dave Hunt biblisch fundierte, systematisch aufgebaute Antworten gibt.

Dr. John MacArthur, Jr.: SORGEN UND ANGST BESIEGEN
ISBN 3-931188-43-4
Wir haben viele Dinge im Leben, über die man sich ängstigen kann, und doch ist unsere Zeit viel zu kostbar dafür. Christen sind nicht immun gegen Lebensängste und psychologische Tiefschläge, aber sie haben den Sieger auf ihrer Seite.